边疆·云南文学丛书

云从天边来

雷平阳 主编

云南出版集团
雲南人民出版社

目录

云从天边来：云南青年诗人辑

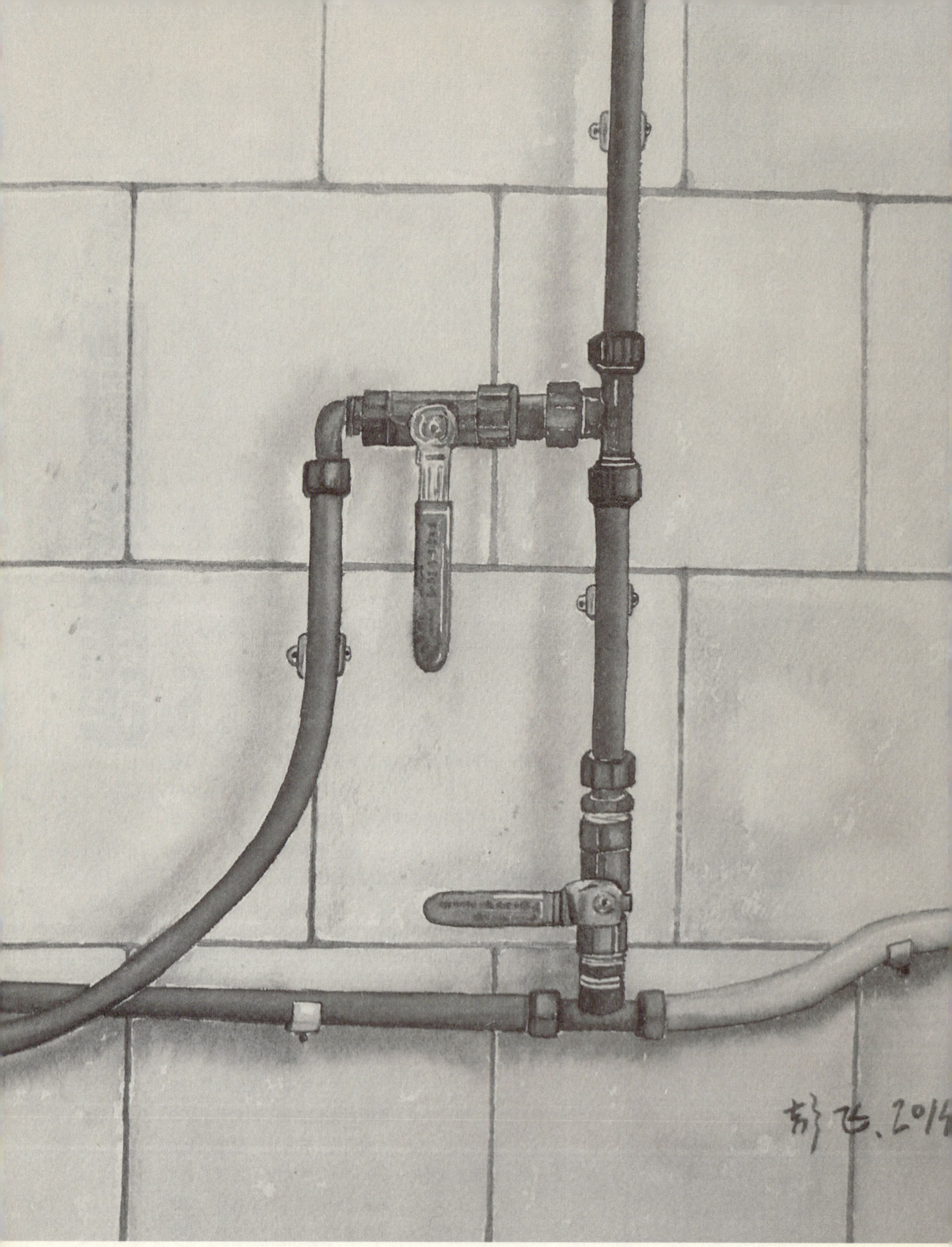

彭飞　《家二》（局部）　水彩画　41cm×31cm　2014 年

卷首语

托拜厄斯·沃尔夫在为保罗·鲍尔斯的小说《遮蔽的天空》所写的导读文字中，谈及了两个话题。一个话题是“叙事”：“他的叙事如神话般不容置疑，于是我心悦诚服地接受他，像接受神话一样，无须任何说明或解释。”另一个话题是“堕落”，说的是精神上无所皈依的流亡者夫妇，波特·莫斯比和其妻子姬特。在背叛成为一种本能之时，姬特抛弃了生命垂危的波特，成为阿拉伯商人贝尔卡西姆的小妾。理由是姬特向往绝对的臣服，因为她只能在被主宰中找到自己。只要有人能主宰她，她毫不在意对方的身份，更不用承担自己意识和责任的重负。

在编辑这卷关于云南青年诗人作品的专辑时，之所以想到《遮蔽的天空》引出的两个话题，我想这大抵上还是因为我对托拜厄斯·沃尔夫关于“叙事”的说法非常认同，有意将它分享给诸位年轻的同仁，因为同仁中偏爱叙事的人不少。不容置疑的叙事，无须任何说明或解释，起源于神话的方法论我们为什么不可以沿用呢?至于第二个话题，或许我们亦可以将其从对个人命运真相的追查现场引渡到文学使命的辨析中来，以姬特的堕落作为镜子，在审美、道义、出新等天然律令之下，认真检测一下主宰着自己写作的原有元素，看它们是否能继续铺设自己的写作道路，看它们是否能呈现个人的内心正义。保罗·鲍尔斯自论《遮蔽的天空》时说：“它的生命力已经比它的作者更强。”我们论及自己的作品时，是否能像他一样自信?

无时无刻不是开始，无时无刻不是修正与警醒的良机。我们被时间所困，亦被时间所优待，它让未来像群山一样向我们跑来。

雷平阳

2019年6月，昆明

诗：寻求心灵的救赎

// 林莽

林莽，生于1949年。白洋淀诗歌群落和朦胧诗的主要成员，现为北京作家协会理事，《诗刊》编委，《诗探索·作品卷》主编。著有诗集《我流过这片土地》《永恒的瞬间》《林莽诗选》《秋菊的灯盏》《记忆》等，诗文集《时光瞬间成为以往》《穿透岁月的光芒》和《林莽诗画集》等。

2018年春天，祝立根获得了第16届华文青年诗人奖，他是全国48位获此奖项的诗人之一，是云南的第4位获此奖项的青年诗人。我之所以强调这点，是因为这48位诗人，近些年来一直是中国诗坛最具活力的诗歌写作者，他们是中国诗坛不能忽视的一股力量，祝立根就是其中的一员。

华文青年诗人奖评奖委员会给他的授奖词是这样写的："祝立根是一位对原野和故乡充满了无限热爱与赤子情怀的青年诗人，他的诗情感深沉，心怀悲悯，作品语言节制、凝练、富有张力，他在'离乡与返乡'之间，为自己也为读者开辟了一片心灵救赎的疆域。"

在当下的云南，作为一个青年诗人应如何写诗？自20世纪80年代以来，前有于坚、海男、雷平阳，再有朱零、刘年、王单单等等一批批优秀的诗人不断涌现，如何继承并有别于他人，如何写出自己的特色，如何找到属于自己的创作路径，寻找自己，完成好属于自己的生命经验和文化经验，是问题的关键。诗人祝立根，作为一个出生于腾冲，生活在云南的本土诗人，他以自己的努力完成了这一跳跃，他找到了自己，并以一个画家的独特眼光为我们呈现了他独有的诗歌艺术魅力。

一

读祝立根的诗，最先触动我们的是新一代乡村青年无法摆脱的"离乡与返乡"情境中的情感冲突与最终的无可奈何之痛。

在一首名为《汪洋》的诗中他这样写道："多么令人叹惋！公园里刻自己名字的人／全都，很年轻，又加入了集体主义的大合唱／同质化的口吻，像秋风／灌装滩涂上一个一个的空贝壳／他们在唱，又仿佛在呜呜哀鸣／还请不要撕开荒草，念响／坟碑上那些溃逃的人名／一个又一个，搁浅的漂流瓶／装着一个又一个无法摆渡的汪洋。"

在另一首《与兄书》中也有这样的句子："兄，玉和劝诫收到／很惭愧，我还是不甘心／想怀抱烈火，在精神上直立行走／……／但比德于玉，我们已经布满了水渍和裂痕／连活着都打了折扣……这几天／我就把玉挂在胸口，望能镇痛、祛悲／哪天你过昆明，再帮我捎草灰一把，二两乡音／我还有怀乡病要治，亦有走丢的魂魄要招回。"

灵魂的走失，搁浅的漂流瓶一样的人生境遇，同质化的集体的哀鸣，他们已无法返回自己的故乡。即使他们再不甘心，再努力寻求精神上的直立行走，但："手指处皆是汪洋，与虚空 / 解药或者毒药，我都试尽了 / 活着，就是自顾自的 / 丢魂和喊魂 / 哪一天，真的累了，我们 / 可有故乡可回？"（摘自《乡宴上》）

即使是他们身体回到的故乡，也已经是陌生的，失望的，无可奈何的。他们心怀悲悯，但无法解救他人和自己于苦难。看看他这首《回乡偶书，悲黑发》：

杀人犯的母亲吸毒者的爹
上访者的老泪苦荞烤的酒
坐在他们中间，如坐在一堆堆荒冢之间

秋风白了小伙伴们的坟头草
一头黑发，令我心惊
令我羞耻

这就是故乡的现实，曾经一个老妇人向他哭诉家庭的遭遇，那些来自所熟悉的人们的无情与残酷，令他无言以对。对故乡的回望中他的失望和无处附着之感令人心痛。但这就是生活的现实，诗人必须面对的现实。触及生活的根本所在，让祝立根的诗品质真挚而浓重，并有了根。

二

诗人再也无法真的回到故乡，那就只有面对内心，回到内心之中，在心中完成好自我心灵的救赎。在祝立根的诗中我们可以不断感到，他在努力打破生命的藩篱，渴望着心灵的自由。他的短诗《春风烫》中说："其实我真的不是我自己的 / 集中营 // 你看，我身后的春风 / 已经从桃树的黑枝条里，成功的越狱……"他希望自由的灵魂像春风一样逃出黑色的枝条。他甚至希望自己像一片小小的山林湖泊那样安静、清澈，倒映出蓝天。"手中的刀剑，不知何时已经变成了芦笛"。

他的一首五行短诗《喜白发》中写道：

噢，我终于长出了一根白发

天呐！那么多胸中的尖叫

积压的霜雪，终于有了喷射而出的地方

那么白，像黑山林间的一丝瀑布

那么骄傲，像我终于在敌人的中间亮出了立场

诗人要在一根长出的白发中释放出积压于心中的霜雪，内心的压抑，生命的困惑，这些早已积蓄于心中的一切来自哪儿？在祝立根的一篇短文中，他说从 14 岁离开故乡开始："在城中独自面对着一个灯火通明又孤独陌生的世界，自我保护意识让他迅速地将自己包裹起来。许多年后他才意识到，那种内心既羡慕又抗拒的疏离感，将始终贯穿他往后的人生，和他始料未及的诗歌写作。"

他要从这种感觉中解放自己，这种打破生命的桎梏，完成自我心灵救赎的，正是祝立根诗歌写作中的重要组成部分。诗歌是生命与心灵的对话，它首先是写给自己的，从这种意义上讲，祝立根在用诗歌审视自己，并用诗歌唤醒一个新的生命。

三

祝立根是诗人，也是一位画家。我看过他一部分绘画作品，我以为他的绘画具有超现实主义的风格。超现实主义者主张把生、死、梦，现实、过去、未来结合在一起，把它们统一起来。并坚守只有梦幻与现实结合才是绝对的真实、绝对的客观的理念。祝立根的绘画作品，大多统一在一种灰绿色的调子中，像隔着一层有色的绿玻璃看世界，那种梦境而又具象的绘画手法，在他的诗中同样有所体现。读《在夜郎谷兼寄贵州兄弟》我感到了他诗句中的色彩、形象与超现实的想象力：

瀑布是青山的白发，青山老了

白花茅是一堆堆乱石的白发，石头

也老了。我一直在等一个这样的下午呀

身体里的黑，被一根根白发照亮

就像今天，在一个蕞尔小国，想象中的
废墟或墓地里，我目光短浅
像一个婴儿，像一个白发丛中的
倒垮下来的石头的雕像

而生活的现实依旧是残酷的，“放生池的水，有泪水之咸 / 不可以啜饮 / 空中的落叶，有烙铁之烫 / 不可以用额头去触碰 / 圆通山动物园里传来的 / 狮吼和猿啸，里面藏着一个人世 / 的断崖，不可以用心去聆听”（摘自《圆通寺的一个下午》）。当我们面对这些，只有将精神寄托在诗中，“借一只白鹭，飞去飞来的轻 / 向你们寄送问候，兼收 / 这些年，一直丢失在外的灵魂”。

诗人在他的短诗《夙愿》中，更好地体现了以超现实的目光凝望这个世界，并在精神寻求中呈现心灵的飞翔。

站在怒江边上，我一定羡慕过一只水鸟
贴着波涛的飞翔。
离开故乡我穿过了怒江
回到故乡，同样需要。
有过一次，在怒江的吊桥上我反复地
走去又走来，反复地
穿过怒江，迷恋着脚下的波涛和胸中
慢慢长出迎风的羽毛
那是一个灵魂出窍的黄昏
滔滔江水就像朝圣者，手捧着烛光
仪式般的行走一直持续到了我的梦中
那天晚上，在江边旅馆
我一再梦见一只水鸟，在辽阔的江面上
飞翔，像在寻找着什么，又似乎一无所求。

梦中的黄昏，迎风的羽毛，出窍的灵魂，一只飞鸟往返于辽阔的江面上，不为什么，只是飞翔。这种诗意的画面构成了某种有意味的形式，它是一种自我的超越，生命以另一种形态呈现出来。也以这种方式建立起自己的另一个世界。

在这篇短文中，我简单谈了对诗人祝立根诗歌的大致认识：

他是一位优秀诗人；

作为诗人，他心怀悲悯，在离乡与返乡之间，有着无法破解的无可奈何之痛；

他的诗中在力求心灵的救赎，渴望打破生命的藩篱；

他的诗有着他绘画中的超现实主义方式，并在自我精神寻求中建立着属于自己的世界。

祝立根诗歌的三个层面或者说是三个写作方向：一是向下的，及物的，有根的，指向生活体验的；二是向内的，寻求生命内在感受，努力完成心灵救赎的；三是面向更高层次的，向艺术最本质的追求。从这个三个方面看，祝立根的诗歌已取得了优异的成绩。

如果说祝立根的诗应该注意些什么，我想有以下三点：避免与相近诗人构思与表达上的同质化；诗的语言和情感呈现再空灵些，再讲究些；加强语言艺术方式上的意味感，让诗更具现代之美。

我相信祝立根会不断地发现自己内在世界中潜在的诗意，成一个独具诗歌艺术魅力的优秀诗人。

2018 年 11 月 23 日

在夜郎谷兼寄贵州兄弟

// 祝立根

祝立根，云南腾冲人，现居昆明。参加《诗刊》第32届“青春诗会”、《人民文学》首届“新浪潮”诗歌笔会、第8届《十月》诗歌笔会及第8届全国青创会。获华文青年诗人奖、云南省文学创作优秀作品奖等奖项。诗歌发表于《诗刊》《人民文学》《青年文学》等刊物。入选多个年度选本。出版诗集《宿醉记》《一头黑发令我羞耻》。

圆通寺的一个下午

放生池的水，有泪水之咸
不可以啜饮
空中的落叶，有烙铁之烫
不可以用额头去触碰
圆通山动物园里传来的
狮吼和猿啸，里面藏着一个人世
的断崖，不可以用心去聆听
殿中的菩萨，也不可以去参拜，看一眼
就有无边的心事，涌上心头
我只想做一个水面上的
梦游者，独坐湖心亭
借一只白鹭，飞去飞来的轻
向你们寄送问候，兼收
这些年，一直丢失在外的灵魂

访山中小寺遇大雾

与一场大雾对峙
我也有一颗孤岛的心，看万物
各怀心事，互为峭壁
空中的白鹭，越飞越慢
一点一点丧失自己……
我想要抽身逃跑，一转身
却又迎面撞上了
山中小寺，一声急过一声的木鱼

与友书

你看，我又撞上了栅栏
大路朝天，我却越走越窄。这些年
小心翼翼，料不到却辞职
赋闲，一个小职员的穷途末路
不值一哂。忆昔日挥手作别，我们
长发飘飘，每个人都胸怀一列远方的火车……
谢谢你们！夜郎谷的琴声
真的抚平了我眉心的沟壑，胸腔里的汪洋
已被一束白茅草花照亮
谢谢你们！清风明月酿造的酒
一杯就醉，一杯就将我送上了云端
多少年了，我的心一直在下沉
我的骨头，一直在苦苦支撑……
唯今夜，身体的脚手架拆卸一空
窗外的细雨，又一次跳跃入耳
入心，那些欢快的小鼓点
我理解了，都是生活赐予的奢侈品……
明天早上我就带着妻儿回昆明了
在那儿，一个浮在水面上的城市，我将继续
做一个岁月的合同工，磨字
写诗，闲暇时向你们寄送
茶和好天气。如果里面还夹杂着
风声和刀光，请不要为我担心
那是我枕边的滇池，在梦中
又一次向我扮了一个鬼脸
吐了一吐它白色的舌头

纪念碑

你见过怒江吗？
我这儿，就有
一小条支流，我在怒江痛饮的江水
已经不再沸腾，是呀，那么多年流逝
胸腔里，早已沧海桑田
那些愤怒的灰烬
——多像一座座冷冽的雪山

在夜郎谷兼寄贵州兄弟

瀑布是青山的白发，青山老了
白花茅是一堆堆乱石的白发，石头
也老了。我一直在等一个这样的下午呀
身体里的黑，被一根根白发照亮
就像今天，在一个蕞尔小国，想象中的
废墟或墓地里，我目光短浅
像一个婴儿，像一个白发丛中的
倒垮下来的石头的雕像

春风烫

我又咧着嘴笑了
查姆湖的波涛
向我涌来
胸中的波涛
向查姆湖涌去
就像失散多年的亲人

他们踮着脚尖，隔着我的肋骨哭喊……
其实我真的不是我自己的
集中营

你看，我身后的春风
已经从黑色的桃枝里，成功地越狱……

在凤羽

山是小山，一阵春风就将我送至山顶
墓是小墓，仅够容身
也不显出死亡的恐惧，野花
也小，小如衣襟上的针脚
寺也是小寺，住在里面的菩萨
笑容可掬，庇佑的乡镇也很小
几朵闲云就能盖住
在这儿，用不着问路
也没有那么多的悬崖和荆棘
我也乐意做一个小地方的自己
安静、清澈，就像山下的小湖
你一眼就能看见，我胸膛里的
倒影和蓝天

汪洋

走丢了，她想找回来
头顶雾露的大妈，逢人便问
“你知不知道我是谁？”一半埋入沙
一半被流水洗得面目全非，电话里

传来的声音，“你知不知道我是谁？”
我理解出于个体的极度孱弱
街上吼叫的男子，把自己扮成一个恶棍
“你知不知道我是谁？”
每天，收银的女孩在一张张纸币上
写自己的名字，渴望着
它们飞去又飞回……
多么令人叹惋！公园里刻自己名字的人
全都很年轻，又加入了集体主义的大合唱
同质化的口吻，像秋风
灌装滩涂上一个一个的空贝壳
他们在唱，又仿佛在呜呜哀鸣
还请不要撕开荒草，念响
坟碑上那些溃逃的人名
一个又一个，搁浅的漂流瓶
装着一个又一个无法摆渡的汪洋

招摇

我多么渴望，此刻
被一位坐在蓝咖啡馆的诗人看见
——在近日广场上
那个将婴儿车顶在头顶的男子
正张牙舞爪地，招摇过市
多像一个暴君的宠臣

独饮辞

荒草摇曳，一堆建筑垃圾

你想唤它作远山，在雨中
几株未被修剪的行道树
你想这就是几株孤松，站在悬崖的边上
你的心中涌起一阵涛声，想要
大吼上几声，又碍于
漏下的灯光，你咧了一下嘴
想说这是从前的那枚月亮
还想要邀请她，再喝一杯？
再喝一杯？你偷偷拧了自己一把
不确认，这是琴弦的断响
还是一只玻璃杯，哗的又哭了一声

访凤阿古城不到

来这里，是为了与之告别
生之短，途之长
我们能走多远就走多远吧！去往凤阿城的路上
无路可走，落日亦是灯塔
来自山巅的一条小溪，应是凤阿歹
为我们点燃的蜡烛
我还是累了，坐在山坡上，数一朵朵
晚云的城池，在天空里兴废
听掌鸠河的一根根琴弦
断入荒草，哦，荒草荒草
我们的来路，我们暮色里的归途。

真相

困在流水里的

五官抽搐的那个人不是我
扭来扭去挣扎的那个人不是我
那个浑身紧绷，正在
魂飞魄散的人，真的不是我
我真的不是那个撕扯流水，一会儿像哭
一会儿又像在哈哈大笑的怪物
我否认，我的骨头全是软的
我否认天地之间，纷纷扬扬的刀光和大雪

坐在流水的边上，我双手捂脸
否认，我曾经举起过一块大石
又偷偷把它放回了原地

在大山包顶

泪水掉落的地方
绽放着，白色的野花和村庄
骨头崩裂的地方
风吹奏着，悠扬的风笛
我多想像这座山峰一样
在大江东去的地方
悬崖勒马，守着额头上的一块草场
等秋风来白
我多想像它那样
在靠近胸膛的地方，养一群绵羊
让它们像白云那样
有着无心的繁盛，和无心的消亡

午后的筇竹寺

尖的是喜鹊、茅草，过多的
自由的时光。钝的是石头、浮云
山腰上，沉沉浮浮的木鱼
困住我的，是身体里的杂物，落满尘灰的
铁仓库，我想搬空它们
我想往身体里，请进浮云和鸟鸣
我还想请一尊瞌睡的罗汉，流光中
他赤足、袒腹，手中掉落的桃枝
已经在身边长出了一片茂密的桃林

大理的月光

我就想这样坐着，像一块木头
看月光，打磨下光阴的碎屑
再雕刻一个大理国，皇帝在苍山
出家了，微风送来的竹影和梅瓣
是他等候已久的奏章，山河依旧在
草丛中的虫鸣，是他梦中的朝堂
争论的事，从没有越过佛典的边疆
山下的侍卫和宫女，依偎在月光的怀里
相爱了，受封了子宫的故土
洱海，在历史的夜色里
轻轻地荡漾，溢出的浪花
足够将迷途照亮……总是令人神往
总是令人情不自禁地，抱怨现在的生活
总是令人怀疑，那个跳舞的白族姑娘
是一缕月光，从云隙间偷偷溜了下来

偷偷在我的酒杯里，撒了爱药
让我也变成了格子门上的，那个木雕的青年
——他坐在那儿，微微地扬着头
手中的刀剑，不知何时已经变成了芦笛

在元阳梯田

砍野草、砍荆棘，亦砍心中的
妄念和疲惫
我只想守一亩三分田，种水稻
养谷禾鱼，兼养
抬头看云的好心情
山下人声鼎沸，江水呜呜
浮华，有着漩涡般的吞噬力
我只在那儿换盐、打刀
和不多的朋友校对口音——
我也不会再爬上对面的山顶了
我去过那儿，日落的地方
回首所见的，家和浮世之间
唯有我砍下的，一片凌乱的刀光

溃逃

他说他会做四川菜、安徽菜
浙江菜和潮汕菜，也做江湖菜
家常菜，煮过汤面、米线
给工地送过快餐。到过山东
山西，河南和河北，江西和广西
从海南到云南，只身穿过文山

红河，在怒江和澜沧江边，开过餐馆
洗过碗筷。一个亡命天涯的身体里
仿佛塞满了无数的公路、铁轨，和羊肠小径
最厉害的一次，车站送人
自己跳上了反向的车……一路不明不白
在手机里存下萍水相逢的小李、小王、小张
又分不清他们来自江北或江南
一开始一个乡的，认作老乡
后来把一个县的认作老乡
再后来，碰到相邻省份的
也要开上几句玩笑话：老乡、老乡
眼泪汪汪。真有想哭的时候
就拎一瓶白酒，找一条
附近的河流，希望流水的声音
能够盖住身体里发动机的轰鸣
说不清源头，也把握不住狼奔豕突的方向
擦肩而过的每一滴水
仿佛都扛着一个个亲戚的姓氏，每一滴沙
都顶着一张张似曾相识的面孔
每一截枯枝都怀揣着一个无法返回的故乡
在瑞丽江边，这个厨师跟我说
假如他还能够，泅渡到江的对岸，他一定会
娶一个缅甸女子，余生的光阴
挖玉、磨玉，用一条真实的大江
彻底斩断另一条止不住的惊慌
他会用汉话讲给他听不懂的妻子，途经的地方
所有的蒸、炸、烩、煮，尝过的
所有酸、甜、苦、辣
统统都成了家乡菜，像一个玩笑话

一觉睡到太阳出，抬头望见中国
所有的省、市、州、县，一个个
大雨中的村庄，都成了他的故乡
而不会在梦中，一再地一脚踩空
又掉进了滚滚的流水

溶洞里

哭声埋进流水
它就会在这儿
长出石笋、石柱
石头的管风琴
梯田搬上绝壁
它也会在这儿
一寸一寸，向着天堂开垦
人间的灯火
假如全都被掩埋了
在这儿，也能看见
等量齐观的星星
可我是个悲观又唯心的人呐
更愿意把溶洞，比作一颗心
左右心房，左右心室
穿心而过的，始终是那条暗河
昼夜不息的轰鸣

看展札记

我是一个满脸萧瑟的小吏
在汉的末世，一块画像砖上

躬身走在出猎的队伍中，我认出了
身上的佩剑，它还在鞘中嗡嗡作鸣

我是魏都的杂耍人，在石头里行脚
吞刀、吐火，胸口碎大石
我从一弯再弯的骨头里
认出了家乡的三亩麦地

我是流落在长安城下的穷书生
在朱门绿柳的江山万里轴上，身无所归
动卦、测字，惯看红白喜事、悲欢离合
命同蝼蚁……我认出了我手书的那个斗大的“命”字

江水如刀、乱石亦如刀，我是青花瓷残片上
人身牛魂的拉纤人，青筋暴突
大汗封住了口鼻，胸中憋住的那口气，快要
夺口而出，天哪！我听见了我喊出的这一声尖叫

我是无路可逃的
孤魂野鬼，一个个
在清明上河图的背面，拖家带口
躲官、躲匪，躲梦中的刀兵
我认出了残阳中我们投身草莽的背影
和南渡的波涛上，旷世未了的惊魂未定

落日江上

我从江水那儿接过一枚卵石
我接着，用手打磨

祖先们也曾这样做过，打磨
在同一个坚硬的事物上，不停地
消耗自己，一双手交给另一双手
一个波涛推起另一个波涛
……
奇迹也曾发生过，石头发烫
一滴坚硬的水，变成了一滴滚烫的泪
奇迹正在发生，天空中
那枚燃烧的卵石，此刻正在江面上
轰隆隆地坠毁，像极了我们飞蛾扑火的命运

春风在

如果你在乌云故乡找不到我的踪迹
不要悲伤
请把我寄给你的黑色桃枝插在阳光阳台上
那些细小的花蕾里藏着春风的孩子
它们渴望绽放在明媚的蔚蓝天空

在西盟县的许多个一刹那

他愿意，在这儿，簪野花
戴露珠，做一个人间的好客人
每天吸的空气，没有别人的鼻息
每天吃的和喝的，也不会遭到注水
灌满怨恨和毒素
他也愿意，在这儿，每天
兴高采烈地打鼓、歌颂
把短暂的一生，过得无限的阳光明媚

没有什么比这更欢愉的了
他当然愿意，在一张作战地图没有标注的死角里
喝糯米酒，坐在芭蕉树下
打瞌睡，任由怀中的刀斧，长出了青苔和锈蚀
还有他，他和他，以及他……
他们都愿意，活得干净、干脆
在西盟县，处处都荡漾着乌托邦似的
天堂之美，他，他和他，还有他……
一次次地从我身体里出走
仿佛我的身体里，关押着的
从来不是什么猛兽和冤魂，从来不是
而只是一个个倍感屈辱的
折断了翅膀的天使

山巅祈福，在人间

如果可以，我想把祈福带，系在白云上。
我的亲人就站在我的身后
此刻，我一定是一个换灯泡的样子
仿佛我一伸手，光明
就会从天空倾注而下，一一照亮他们的脸

生死事

送上山，挖个坑，埋掉
胸间就长出了野草，眼里
就开出了白花，仿佛你们
从来没有来过这人间
仿佛你们原本就是野草和野花……

但我真的愿意相信，无光的地下
依然有一个烛光摇曳的村庄
空空荡荡的天空，依然荡漾着
一个鲜花怒放的天堂
你们还会在那儿相聚、痛哭，在那儿
互赠人间捎来的礼物
尘世的事，就不要再说了
活着的人，还得在光阴的黑白脸下
替你们念经、还债，低着头干活
背负你们遗赠的悲伤和无助
他们真的很可怜，真的
需要安慰，需要一个个不开口的
神像和佛像，供他们祷告，供他们贿赂……
就像我的祖母，她至死，大字不识
但她那背诵佛经的眼神
真的像就要考试，却又没有多少胜算的
我那一年级的小儿子

望天树下

属于天空的那一部分，一直都在天空中
尘世间，通往那儿的小路
又陡峭，又孤独
几只蚂蚁，在那儿
跑来跑去，仿佛它们找到了一根无人认领的白骨
又惊慌，又幸福

独树成林

我尽力控制着它们
别颤抖，牵着孩子的手的时候
放松，放松，让它们不要去想
这一生有多漫长，就有多少吃不完的苦
把纽扣塞进钮洞中，把米粒捡进空碗里
并替我一再体会，刀锋之冷
风声之厉，站在我身体的悬崖上
十个小矮人，是的，拇指、食指、中指
无名指和最小的小拇指
有几个已经伤痕累累
患了风湿……一小队阴郁的奴仆
每天机械地重复着，劳作、祈求
在黑暗中摸索，作为额外的活计
我还要求它们写诗、画饼，在天空中
捕捞白云，并蛊惑它们
让它们相信，这是难得的人生福利
这是我一直没能生出来的小六指……
……我真该放手，真该让它们好好地
享受，已经不多了的阳光和丝绸
而不是一再地命令它们，苛求它们
在这废墟般的日子里
长成一根根遍布着青苔和落日的
圣殿的柱子

夜宿盈江县

我又听见了流水的声音

我确认，那些漫过骨头的小鼓点
会引领我，穿过大雾和荆棘
我确认，那儿还珍藏着翅膀的踪迹
蔚蓝的天空，佛塔和竹林的倒影
也曾令几只羞怯的小兽，看见了自己清澈的眼眸
我确认，一部分的我变成了炊烟
消散在了尘世间，一部分的我
又从灰烬里，偷偷爬上了几棵孤独的望天树
我确认，异乡客的眼泪又咸又苦
逃亡者的骨头，又冷又坚硬
现在，它们已经成为我身体的一部分
并拥有了珍珠的光泽，和翡翠的质地
我确认，那些泼过来的脏水
那些搅痛我的，带着血腥味的
钝器或利刃，都是命运的馈赠
都是为了确认，我一次次的破碎
终将会一次次的还归于完整
怀抱过那么多的碎石，爱过那么多擦肩而过的人
送别过那么多一去不返的纸船和河灯
我真的确认，在抵达那条混浊的大江之前
我始终是那个义无反顾，又频频回首的
满脸星光的那个人

清平调

云抱住了山，就是雪
流进村庄就是沙
飞进眼里，就是盐粒
母亲把眼泪偷偷掉进锅里

孩子们，无忧无虑
麦苗一次一次铺绿了光阴的两岸
它们不相信命运，每一次成长
都会更加地努力……
是的，火把一经点燃，就得传递下去
寺庙一旦建立，就该在同一片瓦砾之上
毁了又建，建了又毁
这就是未来，和过去
这就是现在一直在我们肋骨间
回荡不已的钟声

夜宿王村

我躺在云朵的床单上
盖着云朵的被子
窗外瀑布，还在源源不断
制造着云朵
真是云端上的日子
我们整天饮软米酒，抽软云烟
看一只白鹭
在微风中晾晒翅翼……
这么多的白和柔软，这么多的
触手可及又惊心动魄的温存
真让人怀疑，让人羞愧
让人想要把头埋进被子里，藏起
那满脸满颊的
硬胡茬子

勐海县的一块石头

甘蔗们挥舞着它们优雅的镰刀
香蕉们，扛着党同伐异的大旗
山腰上的橡胶树，一个个
表情阴郁，像一个个圣徒
满身的刀疤让人望而却步……
在这个“勇敢者居住的地方”
我这样的人，就是一块无用的废石
但谁又能说我们不配拥有，一片广阔的原野
你看它生长出来了——
那些青苔，那身体里慢慢渗出的
苍茫的锈蚀

荒草词

爹、娘、大儿子
各霸了一方，三缺一
老二和老三，一个在山东，一个在海南
他们需要揍揍包，赢的，坐下来打麻将
输的埋锅做饭，剪除院子里的荒草……
围墙的缺口，已经堵上了荆棘
被风掀走瓦片的地方，补好了
三层塑料布，雨水
泡烂的谷仓，没有耗子的
骸骨，枯死的喜花树
去年冬天就举着乌鸦的空巢
多像天桥上的老叫花子
就由着它吧。一家五口，爹和娘

在东莞，当保安，收废纸
人世的下游，终于找到了土地之外的
权柄和收益，揣回一小沓红色的票子
大儿子，右手的一根无名指
留在了浙江某条流水线上……
像一条条洄游的鱼，一个个孤魂野鬼
回来了，在春节到来之前
锈迹斑斑的铁门上，左边，照例贴清吉平安
右边，就贴花开富贵，照例
炸响几串纸屑乱飞的鞭炮
照例把一把香，潦草地插进冷冰冰的香炉
一年一次，重复着相同的动作
像例行公事的做爱
一年一次，象征性的，向绵延不绝的荒芜
宣战，院子中烧荒草的浓烟
可以熏一熏霉潮的被子，亦可以
为房梁和椽子，涂上一层人间的烟火味
同时向全村的人宣告
一家人，依然生机勃勃地
活着，像一场又拿不出多少本金的豪赌
只要光阴这张牌，一直攥在手中
就不甘心、不服气。年关过后
他们又将锁起空荡荡的家，在挂在墙上的
遗像的眼光里，奔赴各自的赌局
任由身后的荒草，和鼠辈
年复一年的疯长，长得东歪西倒
年复一年的在荒草丛中，热烈地生儿育女

水边述怀

起伏的荒草，来到了铁皮船的梦中
流水送回的，那一只鞋子
弄丢了自己心爱的人，我不能再追问它们了
都是些孤独的，可怜的人
在人间，谁不是身上刻满了波涛的印迹？
那些回到岸上的尚泳者
紧裹着蓝条纹的毛巾
那些封存于群山的鱼骨，咧着嘴
胸前的肋骨，听说又断了几根
我也用不着再端详我自己，身后的
那一根芦苇，它还在努力地开花
可谁都不能看出呢，那只是它摇摇晃晃的身体里
喷涌而出的，白花花的浪涛

在河边

我听见它在那儿偷偷地呜咽
坐在它的身边，我已不能再说些什么
同样，我在那儿捧水洗脸
它也会为我偷偷运走身体里的轰鸣
光阴，也曾带来过惊喜
我的爱人，此刻正带着孩子在沙滩上
玩沙，向它扔石头
应声跳出来的那一朵，一脸顽皮
多像一位父亲扛在肩头上的，那个欢快的孩子

寂寞石门峡

这儿的水里，藏着一串串的小铃铛
一直往我的身体里，输送光芒
这儿的石头，整洁、宽厚
一直邀请我坐一坐，坐一坐
这儿的枯树和枯枝，死去了
全都又变成了青苔的暖床
——这儿是石门峡，藏在石头之间的
天堂，寂静、清凉，处处昭示着
生的美好和向往，让一只蚂蚁
鼓足了勇气，让它在荒凉的人世间
跑去又跑来，一直在寻找着
那条盛满了露珠和草籽的缝隙

山中，遇故人

杂草丛生的悬崖
可比作我凌乱的脸庞
林中枯木，亦可
比作这些年我平添的白发
此刻，阳光和雨水同时洒在我的脸上
就把它们比作我的欢笑和泪水吧
如果你愿意，我还想
把你比作那朵天边的白云——你飘向悬崖时
又一次让这潦草的人间
有了难以言说的庄重之美

野花，野花

我爱你野花
你在金沙江沿岸的乱石中绽放时
我在昆明城的夹缝中，咧了一下嘴
我推开门，准备走向茫茫时
你对着浑浊的江水，扬起了
最后的花瓣。我爱你，野花
我想我们终究会依偎在一起
在荒芜的山脊上，在小块的浓荫下
到那时，你可以憧憬我们的未来了
我也可以摒弃羞愧、懊恼，一生的
不甘和破碎，平静地躺在那儿
就像你说的那样，你会一直在我的骨头里
开花，而我也会一直拥有了你
拥有了一个星空般的，完整的人形

悲恸海

每天，我都像所有的溺水者那样
成为它的一部分
一声哽咽，挣扎的一朵浪花
每天，我都会在那儿
捧水洗脸，往那儿，归还身体里的涛声
如果此刻我站在你的面前
那我一定是一只装满波涛的器皿
如果你问我我是谁
就请看看海吧，它就是我
——具体的、放大了的一生

在开满野花的原野上

春风又送回了他们
杨X成，祝X助，王X达，余X花……
这些在我身边，活过又死去了的人
他们都很年轻，我快记不住他们的样子了
遗忘，像一片晦暗的海
遗忘让我成为一座孤独的岛
今天，我多想向你们指认
我熟识的那些：苦荠菜、奶浆花、蒲公英……
更多的野花，我并不认识
但我知道你们肯定认识其中的一部分
多么幽暗的生涯呀
谁没收藏过一两个秘密的星座图

命中注定

我的左腹有一颗黑痣
一个弹洞，按老辈人的说法
我的前生死于一颗流弹，这不奇怪
在腾冲，许多远征军的孤魂还在游荡
他们带着身上的子弹和弹洞
找不到回家的路，四川、山西、浙江……山重水复
人声鼎沸，给我一种似曾相识的感动
且黑痣下方，左肾上的一颗结石
每隔几年就会隐痛、绞痛、剧痛
仿佛我慢慢郁结的思乡病
仿佛我们这辈人，命中自带一颗滚烫的弹头

送友人往滇南又醉

这是我们一贯的伎俩：
指桑骂槐，笑出眼泪。去年送映泉
大理的风月，会拥抱他
亲吻他的额头
前年送旺电，香格里拉的雪山和雪水
会咧着嘴，擦去他眼角的灰烬
已经是冬天了
树上已经没有多少叶子
我以为，这一年即将过去
今天又送田超
去版纳，温暖的云南南方
那儿的丛林和佛塔，傣女子的手
会收留他，看顾他
祝福他吧，杯中酒
适合降温的昆明
适合那些东歪西倒、摇摇晃晃的
一颗颗有缺口的心
只有滇东了，那儿的大雾和野花
一直没人去收集，没人去赞美
我们面面相觑：借着酒劲
我一一清点了一下人头
杜松、子人、翔武、安庆和金珊，还有
孙博，那个塔一样的东北人
那么没心没肺，一直在昆明
对着西北方，说干杯
干杯

说我爱，云南
我爱云南从没有一场雪
从没有一场雪下得像一曲歇斯底里的死亡摇滚

殊途同归

红河拒绝了我
用它岸边翻卷的浪涛，和沉闷的低吼
我也拒绝了红河
仅仅出于它的颜色，和整齐划一的排他性
但我又固执地认为，我和红河
有着共同的特性：一个逃亡者
没有退路的现实让我们瑟瑟发抖
或许正因为如此，我们
同时又爱上了那个河边上赤裸上身的捕鱼人
他面对红河时，我立刻想到了一首归隐诗
而当他钻进红河，隐没于红河的时候
整条红河，又为他耸起了暗红的背脊

容留经验与边界视野

——王单单近期诗歌的新变与启示

// 霍俊明

霍俊明，河北丰润人，中国作协创研部研究员，中国作协诗歌委员会委员，首都师范大学中国诗歌研究中心兼职研究员，著有《转世的桃花：陈超评传》《尴尬的一代》《有些事物替我们说话》《变动、修辞与想象》等专著、诗集、随笔集等十余部。曾获《诗刊》年度青年理论家奖、《南方文坛》年度论文奖、年度批评家表现奖、大昆仑杰出诗歌批评奖、“后天”双年奖批评奖、《星星》年度批评家、扬子江诗学奖、滇池文学奖等。

一个诗人有了十年左右的写作训练乃至个人的写作史之后，尤其是有了一定的读者认知度和影响力之后，就很容易因为写作惯性又不自知而导致瓶颈期的出现。对王单单这样恰好有了十多年的写作期并且有着广泛影响力的诗人来说，我确实一度抱有这一疑虑。而读完他 2017 年以来的诗歌之后疑虑化解了，因为在他近期的诗歌中我目睹了其写作的新变，甚至这一新变对当下的一些写作者而言也具有一定的诗学启示意义。

一

王单单之所以能够安全渡过瓶颈期在于其自省能力以及诗歌内外的更新能力，而这一自省能力既是精神层面的也是语言层面的，“无论个人的诗歌观念还是对这个世界的认知都有了更为彻底的刷新”（王单单诗集《春山空》的自序《让“诗”立起来，让除此之外的一切垮掉》）。而瓶颈期的形成不仅与诗人自身的认知程度和写作局限有关，也与普通的阅读者和专业批评者的阅读惰性有关。加之长期以来流行的社会学批评方法，这都使得很多诗人被过早地贴上了标签，以至于对其后来的变化熟视无睹。我此前曾经给王单单写过两篇专论以及一篇访谈，现在看来其中的一些观点和判断（比如乡土写作、地方写作以及底层写作）都要重新修正。而写作和批评之间本应该就是不断生成、彼此打开、相互砥砺的激活与对话关系，可惜的是这一有效的双向关系在很多时候被悬置了。而近期王单单的诗歌就是对阅读和批评的重新刺激乃至惯性印象的纠正。在 2018 年 11 月 19 日给我的短信中王单单说道：“陈超先生的《生命诗学论稿》佐证了我一直坚持的紧贴生命，从个体经验洞开或者重新命名公众世界被遮蔽的部分。很多人给我贴上了底层写作的标签，我不以为然，我认为我的写作就是先生生命诗学的践行。”这本《生命诗学论稿》是中国青年出版社在 2018 年出的修订版，在 10 月初的云南大理我送给了王单单一本，因为我觉得这本书对于诗人来说是必读书。而诗人的新变自然也需要阅读者和批评者们及时做出回应，而这一变动正是“当代”文学的最显豁的特征——动态、流变、未定型。

如果说帕斯所言的“诗歌是一种命运”成立的话，那么王单单近期的诗歌所呈现的命运既是人格、精神层面的，又是词语、修辞方面的，即重新激活了“词与物”“诗人与生活”的关系。而王单单早期的诗歌之所以被贴上“底层写作”“云南写作”

的标签，与其一部分诗歌过于明显和明确的伦理化判断和急于表态式的写作方式有一定关系。对此，王单单有着深彻的自省和检视，“我的写作状态也从之前的‘阵地’式更换为‘游击’式写作，云南背景下的地域性特征不自觉地有所弱化，诗意的发生也从对自然物景或者个体经验的直接汲取向人性深处的开掘转移”“探索更加开阔的写作路径比一再地重复自己更加有意义”（诗集《春山空》的自序《让“诗”立起来，让除此之外的一切垮掉》）。

“词与物”的关系需要诗人的认知能力，需要在二者之间建立起有效的生命关系以及想象性的多层次构造。《土豆命》这样的诗就在很大程度上印证了王单单的写作既是对普通甚至卑微之物在黑暗背景中的打捞，对个体生命意志的还原，又是借助物象乃至心象完成自我的认知与判断，“我又一次想到诗歌，它像发光的颗粒，沉潜在暗夜深处，等待被打捞，擦拭，去蔽，重新亮出灵魂的轮廓”。这既是寄身与寻找，也是不解与和解。人世得以在词语中现身甚至安身立命，诗人作为日常中的普通人也得以在词语和想象中完成对人世关口的涉渡，完成精神疏导或者灵魂救赎。这也正是近年来王单单诗歌中“命运”频频造访的内在驱动。这体现的正是一个写作者在词语和精神的双重层面的求真意志和诗性正义。这正印证了生活的边界也正是文学的边界，反之亦然。词语和修辞同样是对诗人的写作态度和现实态度的双重检验与考验，真正的“词与物”的关系是对固化的、惯性的、定义式和观念化写作的去除。王单单近期的诗歌在仍旧呈现出现场和现实并不轻松的一面的同时，在生活经验和生命体验的基础上更多传达出真切的命运感以及更能够引发共鸣的普适性，这些诗几乎是在一瞬间硌疼了我们。比如《人之初》这样的诗看起来极其日常，但是却通过“孩子”的出场对家庭伦理、夫妻关系以及“成年经验”进行了重新清洗，这是愧疚之诗，也是人性的忏悔之诗，“某天，我和妻子假装打架 / 试探我们 / 三岁的儿子会帮谁 / 小家伙连哭带咬 / 在我手背上留下一排 / 浅浅的牙印，我惊讶于 / 他那么弱小的身躯 / 竟然容得下，如此巨大的愤怒”。这既是对日常的发现和自我审视，又是想象力参与的结果。质言之，“词与物”的关系既是个人的也是时代的，既是经验的也是想象的，甚至在百无聊赖的日常细节和褶皱中发现内在经验并更新写作经验是最难的，而这恰恰是我们常说的生命诗学和日常诗学的难度。这最终需要的都是容留经验，而最具代表性的例子是王单单十年前的旧作《晚安，镇雄》和近作《镇雄诗篇》在经验、风格和修辞等方面的明显差异。他几乎是用了十年的时间重新调整着生活观念和写作观念，同一个题材、同一个空间却体现了王单单愈加深入和开放的容留态度和综合才能。这不是重写，而是改写，而这正是一个诗人走出瓶颈期和惯性写作的重要标志，也代表了王单单从一个急于表达和表态的批判式的底层写作和乡土抒情转换为复杂经验、内心深度以及“词与物”深层关系的建立。十年前王单单的诗歌腔调是张扬的、激烈的、外露的、暴躁的，“晚安，镇雄 / 晚安，那些躁动的灵魂 / 拾荒者清理着废弃的旧梦 / 这个来自苦难帝国的异教徒 / 他在废墟上打坐，默念咒语 / 将白昼和黑夜缝合成光阴的墓场”（《晚安，镇雄》）。而十年之后，这一语调已经变得相对和缓但是又不乏张力。这既是一个诗人精神形象的加深和变化，也是现实境遇、生存经验和诗歌观念在时间的淬炼中双重提升和转换的结果，“十年前某个深夜，我在镇雄县安尔村一间D级危房里，吃着泡面听着汪峰，在青春的血涌和强烈节奏感的催动下，一气呵成写就《晚安，镇雄》，我只想表达个人经验，但诗歌无意外露的锋芒对当时的镇雄社会图景、生活风貌甚至是人们的精神现状都做出了强烈批判。后来此诗的影响超出诗歌圈外，被无数镇雄人转到百度贴吧或QQ空间并开创了令人吃惊的传阅度。我想，那么多镇雄人喜欢这首诗歌，可能是因为它的批判气质正好宣泄了人们内心深处积蓄已久的愤懑与不满。如今十年过去了，镇雄发生了翻天覆地的变化，无论是经济、城市建设、交通卫生，甚至是人们的精神品质都得到了史无前例的改善，以致我后来调离镇雄时竟然心生悔意，并心甘情愿为她写下这组《镇雄诗篇》”。王单单在“词与物”中重新衡估着写作与生活的关系，他最终发现的不仅是诗性而且还有反诗性，甚至反诗性在这个时代的写作语境中更具有象征性和必要性。因为无论是经验和精神层面的诗性或者反诗性，无论是文体和语言以及修辞层面的诗歌或者反诗歌，最终都要对应于诗人的经验的复杂性和语言的激活，尤其是城市化的时代以及后工业时代所导致的乡土经验的分崩离析的境遇使得痛感和虚无的乡愁在写作中成为一种诗人的本能，比如王单单《旧报纸》《鄂尔多斯郊外的晚上》《本命年》等诗中出现的“流离失所的人”“无家可归的灯笼”“江湖晃荡”。与此同时，诗人也相应地提供了愈加复杂、游离、分化以及分层的现实经验和生命体验。这也正是包括王单单早期的诗歌在内具有强烈的伦理化、判断姿势以及矛盾经验的重要原因。而当下诗歌的道德化和修辞化几乎是等量齐观的，而对人的生命本质以及存在真相的揭示反而被贬抑，也就是说诗歌的精神难度和词语难度被同时降低了。尤其是在当下

“日常之诗”泛滥的情势下，一个诗人如何在日常的面前转到背后去看另一个迥异的空间才显得如此重要。物象、心象和幻象必须一起在语言中赋形，一个诗人才有可能真正走在正确的路上。作为一个诗人，你必须正视自我认识和体验的有限，你必须在诗歌中让更多的环节来拓展自我。正如捷克作家赫拉巴尔所说：站在城市的街头你认识到的只是双脚所站立的那么一丁点的地方，甚至对脚下城市的下水道你一无所知。由此再来看王单单近期的诗歌，其新变正在于同时呈现了诗性和反诗性、经验与超验、平和经验与矛盾经验的容留特征与对话性，这样就使得他的诗歌视野愈益精深而开阔，从而免于陷入伦理化和题材化甚至凭借观念进行写作的泥淖之中。也就是说从人的本质到生活的本质以及写作的本质的对话关系来看，王单单不仅提供了可靠的生命感，而且还在精神现象学的层面予以了深度还原和一定的超拔，从而超越了以往写作中的过于强烈的疼痛经验——而诗人有时候会滥用“苦难”“崇高”以及苦难意识和悲剧心理，“诗人具有一种在我们的本质与我们生活其中的现实的本质之间建立意料不到和未经删改的沟通的本领”（西默斯·希尼）。

显然，王单单一直是一个在现场的发声者与发问者。但是，同时代的诗人对现场乃至现实往往抱有全知全能的认知和判断，也就是说诗人所面对的个人生活以及社会现实是确定的，是可以被完全感知和抒写的，而这恰恰是一种极其表层和固化的理解方式和写作观念。而王单单的诗歌提供的现场既是我们身侧的日常之物和贴近的熟悉之物，同时又逸出了表层而抵达了深层的陌生、异样化的本质和真相，与此同时不确定性、超验的甚至未知的、神秘的和形而上的部分也在诗歌中出现，“许多光斑 / 在山脊上晃荡 / 天亮后，部分光斑 / 会因为微弱 / 消失在下山的路上 / 有时也让人怅然 / 雾岚从山谷中升起 / 淹没了所有的光斑 / 几年前，我在安尔村教书 / 习惯于清晨 / 遥看远处的山脊 / 根据那些光斑 / 判断学生到我的距离 / 很多时候，我会 / 因此而倍受感动”（《镇雄诗篇》）。也就是说从容留经验的角度看王单单确实拓展了关于生活和现实的写作边界，也就是说他的诗歌观念和生活观念都较之其以往的写作发生了变化。

在此，我想从诗人的“边界”视野以及综合性的精神维度谈谈王单单的容留经验。这既与诗人独特的取景框和观察角度以及认识世界的方式密切相关，又与一个诗人的精神姿势、个人化的历史想象力和求真意志相互指涉。

说到诗人的精神姿势，我们就必然会去关注他们的精神肖像。几年前王单单曾经绘制过一张自己的精神肖像，“喝酒以及做梦。假装没死 / 头发细黄，乱成故乡的草 / 或者灌木，藏起眼睛 / 像藏两口枯井，不忍触目 / 饥渴中找水的嘴。/ 鼻扁。额平。风能翻越脸庞 / 一颗虎牙，在队伍中出列 / 守护呓语或者梦话 / 摁住生活的真相 / 身材矮小，有远见 / 天空坍塌时，想死在最后 / 住在山里，喜欢看河流 / 喜欢坐在水边自言自语 / 有时，也会回城 / 与一群生病的人喝酒 / 醉了就在霓虹灯下 / 癫狂。痴笑。一个人傻。/ 指着心上的裂痕，告诉路人 / ‘上帝咬坏的，它自个儿缝合了’ / 遇熟人，打招呼，假笑 / 似乎还有救。像一滴墨水 / 淌进白色的禁区，孤独 / 是他的影子，已经试过了 / 始终没办法抠除”（《自画像》）。而现在再来看的话，这个肖像显然已经发生了不小的变化，这一变化既是外在形貌上的更是精神内里以及观念形态上的。

二

从王单单近期的一张照片来直观看看其观察世界的角度、姿势以及精神肖像吧！

王单单站在画面近景的位置，河岸边是一个用简陋的木板或拆下来的谁家的门板搭起来的也许是世界上最小的渡口。木板平台以 20° 角深入水中，木板由 6 根生锈的铁管支撑，4 根铁管上挂着废弃的汽车轮胎。由这个木板，我们的视线上移，会依次看到一双凉拖鞋、深蓝色的牛仔裤、黄底黑格子衬衫以及侧向前方的微微上扬的头颅——标志性的铁臂阿童木式的翘起的发梢。跟随着他的视线，我们依次看到的是茫茫的水面以及更为苍茫和遥远的山脉以及无尽的天空。

请注意，王单单这一观察位置在他近年尤其是近期的诗歌中表现得最为恒定和充分。他所站立的位置和视角既是向前的也是向后的，既是向上的也是向下的，既是近景的也是远景的，既是此刻现场的也是指向了遥远和未知的。这正是容留的视野和观察位置，这也深层地对应于其诗歌中的经验和词语方式。

向上和向下更多涉及的是精神维度，而向前和向后则是时间的维度。

“向下之路是头颅飞翔之路”（陈超）。向上和向下，诗人所在的往往是这二者居中的位置，比如屋顶、山冈（山顶）、高原、树林、寺庙、教堂、塔楼以及窗口和飞机上。这一居中的角度既可以由上向下看也可以由下往上看。向下使得诗人关注的是身侧的、日常的、家族的、命运的、短暂的、此刻的、流动性的、物性的深度观照。向上使得王单单的诗歌保持了自然属性、神性、时间性、不变性、永恒性的凝视与冥想，比如《镇雄诗篇》（2017—2018）、《大山包》（2018）、《甘南手记》（2018）、《夜宿凤凰山》（2018）、《山上的喇嘛》、《高山之巅》、《夜访胭脂沟》等诗通过内在深度和想象力对“超物性”的揭示与洞穿，“有什么值得欣喜的呢 / 我放下手中的书 / 跑到窗帘后，掀开一条缝 / 窥视山下的城市 / 人们在喧嚣中，忽略了 / 这声音，身体中沉睡的部分 / 也错过了苏醒，时维戊戌年早春 / 深居凤凰山上 / 春雷滚过后，黑夜静寂 / 与我一墙之隔的陵园中 / 墓草拔节时，竟然弄出了推倒墓碑的声音”（《夜宿凤凰山》）。这首诗同时通过“山上”和“窗口”的位置完成了对山下的城市、生活现场以及生死和未知的隐秘不察部分的倾听。

向前和向后能够同时被观照到的最佳位置是水岸（比如最近的长诗《湖边之书》）、道路、乡村、车站（地铁）、高速公路、墓地、天葬台等等。这是时间维度的对生与死的观照，是时间视野中对过去时的时间和现在时甚至未来时间的打通和交互往返，“开着手机导航 / 去往诗人的墓地 / 几个人谈着墓碑的材质 / 设计，以及他生前的事 / 突然，屏幕上弹出 / 一条信息，要锁定我的位置 / 看见‘龙凤陵园’四个字 / 我果断摁下‘取消’键 / 就像作假被拆穿，那一刻 / 我真的有点心慌”（《本能》2018）。这样，诗人处在的是三个时间段的复式结构之中——旧我、旧物、旧时间在“此刻”的挽留，有时他既处于日常的生命时间之中又仿佛置身于历史时间以及超越现在的未来和未知时刻，仿佛置身于另一个尘世的时空之中。这既是留恋光景也是揭示存在，是真正意义上的生命诗学，“而去年的 / 那个你，也像叶子 / 落下来，盖在今年的身体上”（《新生》2018）。

而值得注意的是“高速公路”以及迅疾的现代化工具（飞机、高铁、汽车）和碎片分割的现代时间景观使得诗人的即时性体验、观察和停留的时间长度以及体验方式都发生了震惊般的超边界的后果，在稳定的心理结构以及封闭的时空观念被打破之后随之而来的感受则是暧昧的、陌生的、撕裂的，这也导致了被快速过山车弄得失去了重心般的眩晕、恍惚、迷离、动荡、无助、不适以及呕吐。这正是现代性的眩晕时刻。而我们放开视野就会发现，于坚、雷平阳、王家新、欧阳江河、张执浩、沈浩波、江非以及王单单、张二棍等同时代诗人都将视线投注在高速路的工具理性的时代景观中，那高速路上出现的兔子、野猪、刺猬、蜗牛、鸽子都被碾压得粉身碎骨或者仓皇而逃。当然，我们并不能因此而成为一个封闭的乡土社会的守旧者和怀念者，也不能由此只是成为一个新时代景观的批判者和道学家，但是这些情感和经验几乎同时出现在此时代的诗人身上，而最为恰当的就是对这些对立或差异性的情感经验予以综合打量和容留的对话，“鸽子们放弃了飞翔 / 大摇大摆地，走在高速公路上 / 翅膀作为一种装饰 / 挂在死神的肩上。正好有 / 车辆快速驶过，像另一种飞翔 / 像刚从死神身上，摘下了 / 那对翅膀”（王单单《高速路上的鸽子》2018）。

而无论是向上和向下，无论是向前还是向后，它们在王单单的诗歌中呈现的正是复眼式的容留经验和立体取景框，王单单已经由一个单一的经验诗人成长为综合性的诗人。如果我们沿着精神维度（向上、向下）和时间维度（向前、向后）继续考察王单单的诗歌，我们还必然注意到其诗歌的空间构造尤其是空间上的“边界”特征，而“边界”正好是对复杂空间予以同时观照的绝好位置。具体到王单单，镇雄既是川滇黔的三省边界又是故乡和外省、异乡的边界，故乡的旧屋是新旧时代的边界，居所是日常与想象的边界，县城又是城市与乡村的边界。最终这些空间的边界也正是王单单的生存边界以及诗歌边界甚至想象边界，而王单单在这些综合维度的边界空间也在不断重新认识自我以及现实甚至这个时代，“我有过赴死的经历 / 在坡头镇德隆村，喝醉了 / 赤身跳进赤水河 / 峡谷展开两岸的绝壁 / 波涛擂鼓，流水送行 / 人们在岸上挽留我 / 一魂入川，一魂归黔 / 还有一魂，留于滇 / 这三省交界处 / 三魂归一，我又活了过来 / 比此前更加孤独了”（《镇雄诗篇》2017—2018）。在此，诗歌既是望远镜也是内窥镜，既是一剂苦药也是安慰剂，既是浮世绘也是诗人自画像，既是现实关注也是个人的精神事件，既是个人的乌托邦也是词语的道场。

王单单之所以能够迅速穿越了写作的“黑暗期”正在于他的写作不再滥用“身份”“生活”“底层”“乡土”和“苦难”“贫穷”的权利，而是愈益成熟和开阔地将这一切转换为诗歌中的容留经验和开放式的“精神现实”，而非对现实生活表层仿写。这是建立于个体主体性和感受力基础之上的“灵魂的激荡”和真正意义上的时间之诗、命运之诗，当然也是现实之诗。总之，“边界”以及精神维度和时间维度的打开正是一种开放和辐射式的写作，而这最终又统统归纳到诗人内在化的认知装置和取景框之中。

云冈石窟

// 王单单

王单单，原名王丹，1982 年生于云南镇雄。曾获首届《人民文学》新人奖、2014《诗刊》年度青年诗人奖、2015 华文青年诗人奖、首届桃花潭国际诗歌艺术节·中国新锐诗人奖、首届“中国天水·李杜诗歌奖”新锐奖、2016·扬子江年度青年诗人奖、《芳草》第五届汉语诗歌双年十佳、2013 年度《边疆文学》新锐奖、云南省作协第二届《百家》文学奖等。参加《诗刊》第 28 届“青春诗会”。系中国作家协会会员，2016—2017 年首都师范大学驻校诗人。出版诗集《山冈诗稿》《春山空》等。

昵称

在没有遇见炉火前
哦，不！在没有遇到伤口前
所有的刀，都只是铁的昵称
命运这个老铁匠
它总认为，我是一把好刀
它总让我，立起来
站在自己的伤口上

回家

儿子夭折后
埋在离家二十米的荒地上
四哥在他坟前栽一棵竹子
并刻上名字。绝望中
带着四嫂离家出走。
七年了，四哥不知道
当年那棵竹子，已由一棵
变成两棵、三棵……
正朝着他家的方向
渐渐蔓延成竹林
如今，有棵稚嫩的笋子
已破土而出，就快抵达
他家门口

云冈石窟

石头怀上佛胎

并让它成为囚徒，在子宫里
修行，接受时间的戏谑与嘲弄
你看到的，佛，残脸，断臂
眼眶空荡，襟袍上落满鸽子灰白的粪斑
导游讲完北魏迁都的历史后
带着旅游团离开了，剩下孤零零的佛
嵌在石壁上，像是
被绑架，或者活捉。等待
下一次围观，身世被再次复述
那天我观佛入迷，最后一个
走出石窟，朋友们在岩石下
谈论我出来的样子，像尚未完工的佛
而那时，人间零下 14 度
寒风像刀子，还要继续雕刻我
实在受不了，我又返回窟中
这次，只是为了避风

我的学生

最初我不喜欢赵小穗
遇到谁都怯生生的
某次她在作文中写道：
妈妈，我的眼泪不够用
每次想你，都省着哭

这让我心头一紧
趁其不在，忙向同学们打听
大家异口同声地说：
她爹死后

她妈就走了
她妈走的时候
她还小

同学们回答得那么整齐
像是在背诵一篇
烂熟的课文

菩萨

飞机摇晃得有些厉害
我使劲握住挂在胸前的菩萨
平安着陆后，它湿漉漉的
像被刚才的气流
惊出一身冷汗

太极

平反之后，他把习惯
带出监狱。每天坚持去广场
练太极。他总是
缓慢往前推，什么都没捞到
又把手收回。似乎是
空气中，有个透明的人
正与他博弈。似乎是
那个透明的人，想把他摁在
人世间，阻止他与黑夜
一同隐去

事件：瓦斯爆炸

煤窑口
堆放着
一些
尚未彻底炼成炭的人
有的还在冒烟
有的还在颤抖
我想，若干年以后
他们要是真的成为炭
点燃后，火焰中
是否还能听到
隐忍的哀吼

数字

1 代表大哥
2 代表姐姐
3 代表二哥
4 代表我
5 代表妹妹
母亲不识字
手机里存号码
就用这几个数
代替我们的名字
记得 1 离开的那年
她哭得死去活来
直到现在，她手机里
仍然存了一个 1

即使后面的
电话号码栏
是一片空白

与妻书

熟睡中。我们刚满四个月的儿子
趴在你的胸口上，猛吮奶水
而你在梦里，仍不忘记
变成甜蜜的江水，填充
身边这条小小的深渊。昏暗的灯光下
他边吸边瞪着我，目光啊
多像半截裸露的河床，径直延伸到
我的身上，那些极有可能
落满积雪的地方

写给母亲

要在诗中
安置一面悬崖
刚好配得上你陡峭的人生
落日金黄
瘦成一株稗草的人
就是我的母亲
在她的时代，官抵坎的妇女
要生存，必须学会
打掉牙齿，往肚子里吞
眼泪来了，朝喉咙里咽
就是这样的女人

她曾与自己的男人
抓起对方的头，往墙上蹭
都是硬着头皮活
怎么都蹭不破。恨他时
想让他死，真要寻死时
又会拼命夺走他
递到嘴边的农药瓶
最后一次，宿命像陨石般
砸下来，他们不约而同
顶住。紧要关头
男人撒手，不得不用死亡
检验她的忠诚
她一个人，撑不住时
扭头看一眼孩子们
又给自己鼓劲
就像这样，我的母亲
支起了坍塌的天，为我们
就是这样，她保持着
投降的姿势，为我们

白发人饮酒

饮少辄醉。我们抢走他的酒杯
理直气壮地，有人良言相劝
有人面露愠色，有人命令他
空杯对饮，要喝
就喝寂夜的风烛，残年的剩雪
要喝，就喝月光压弯的身影
皱纹中深埋的光阴

我们推杯问盏，谈笑风生
全然忘记，身边坐着白发人
他不言不语，哦，或许
他在等，等我们都老去
等我们也白发丛生
那时，一群白发人
将因为孤独，劝彼此
重新端起酒杯

悬空寺

来到谷底
仰观悬在峭壁上的寺庙
想起春天的乡下
燕子在屋檐下筑巢
一些幼小的神灵
在泥丸中破壳而出
正张着饥饿的小嘴
将祈祷者留下的虔诚
囫囵吐下

登烽火台

———致裴雁巍

我是悲观的人
一生都在仰望落日
雁巍兄，我选择黄昏时
踏雪登高，从荒草中寻路

终于爬上恒山北麓的烽火台
你用长焦抓拍我
追问太平盛世的书生
为何带着一丝匪气
雁巍兄，你看我像不像
斑驳的烽火台补上去的一块
这就对了啊，我写诗
就是为了成为一个
放哨的人

一个青年诗人的血

坐在铁轨上抽烟，看落日
荒草从锈迹斑斑的泥土中生长
来自钢铁内部的鸣响与战栗
催促我及时避开。一种
针对死神的戏谑，一种对抗宿命的挑衅
让我坐在原地，继续吹风
看落日，重新点燃一支烟。
在轨道的尽头，火车从无到有
从小到大，从慢到快，轰鸣声
携带着粉碎性的力量，野兽般
扑过来。就在最后一瞬
我突然纵身，火车扑个空
拖着巨大的尾巴，哐当哐当
钻进身后的隧道。接下来的
寂静中，我的身体
像肉做的碗，里面的血
一滴也没有晃出来

启示录

流水凝固在山崖
波涛定型于涌状
浪花保持了绽姿
听经时，有人顿了一下

这是数九寒天里，悬空寺一幕
它让我明白：
万物在逝去的过程中
神，曾经一次次地挽留

吾命

生于壬戌，今年又逢本命
农历十月初六，五行属大海之水
游完九龙瀑布后，我似乎懂了
这一生，都在用流水织布
为了捂住，命中
那些陡峭的伤口

多依河畔沉思录

流水也有走投无路的时候
大海便是尽头。流水
也有不舍的时候
浪花就是回头。流水
也有悲伤的时候，要走了

一遍遍抚摸身边的事物
比如，水车，石碾
比如岸，比如你我之间的距离
流水啊，她如此地执着
一遍遍抚摸，直到你也
心软，老去，心中的铁
布满锈迹

小狗

小狗来到我家
我央求母亲收留它
一个人生活
养条狗
就不会太孤独

小狗跑去
田野里撒欢
母亲打电话给我
心疼地说
它太小啊，总被瓜藤绊倒

最近看了一则新闻
留守老人猝死家里
被狗啃得只剩一堆白骨
我突然紧张起来
逼着母亲把小狗扔掉

母亲不解

含泪抱走小狗
背地里
把它送给
另一个留守老人

青弋江

1

放下泥沙，怒涛与漩涡
江水清澈。像
放下屠刀的人
拿掉心中的执念与觊觎
挪出的位置
用来摆放香案与烛台

2

以空对空，以水接水
青弋江有了通向彼岸的桥
或者回头是岸的路
站在浮桥上，身体晃动
朝前还是后退
这真是一个问题

3

真是荒诞极了
我在梦中

命令汪伦墓里的人
去江边踏歌
送我重返尘世
他声声绝唱
而我步步惊心
睁开眼睛后
江面开阔
流水正搬动黄昏

4

有人迎面走来
像上游的水流到下游
穿过我的肉身时，稍停片刻
这一停便是一生
我就是自己的窄门

5

雨滴落在江上
垒起水的高度
是谁跳进你的身体
让我成为
溅出来的一滴

6

既然命如草芥
何不将我们捣碎

浸泡，发酵，打浆
成为宣纸的残片
用于包药
或者抄经

7

叶子落在江面上
像流动的伤疤
我轻轻揭起后，整条大江
痉挛了一下

孤独感

陌生的城市里朋友们不知去向
我打算去看一场电影。黄昏中
独自去看一场电影。坐在
空无一人的电影院。这世界
似乎被清空，最后留下我
在这世界上，独自看一场电影

井中

俯身井口，向内探望
幽深的力量，柱状的黑暗
止于水面。井底的水
还在暗涌，一滴背着一滴
往上爬。如此负累
它们想把坠入水中的脸谱

递上来，给我重新安上
而我却不想这样，是时候
换张脸，重新生活了
就像木桶在井水中起身
这些年，某些人或事物的消逝
带给我今生，极大的
动荡，与虚空

读罗伯特·瓦尔泽想到的

好吧，黑夜是
一棵膨胀的大树
它的树冠，几乎
紧贴树荫，在无限的空间里
撑开。或许
需在另一个世界
甚至更远一点，才能看清
这巨大的盆栽
植根地球内部
白昼，只是它叶落后
枝丫间露出来的缝隙
哦，亲爱的瓦尔泽先生
如此说来，你和我
也仅只是，阳光
穿过它，遗留在
大地上的光斑
这晃荡，而又破碎的
光——斑——

灰鹳

河流改道。为了倒映
两岸的灯火，它被迫穿城而过
一只灰鹳盘旋在夜空
把高楼林立，当作自己的芦苇荡
而城市，却像一片陌生的沼泽
让它警惕。好几次
它都差点降落了
最终又飞离。我的房间
在酒店的 28 楼
开着灯，透过落地窗
静静地看着这一切
或许，这只灰鹳
也看到了我，或许
在它眼里，我只是
摇晃的芦苇叶上
被虫子咬出来的
一个缺口

众鸟

有山雀、布谷、白头翁
仔细听，还有喜鹊、乌鸫和斑鸠
众多鸟鸣在山中编制成稠密的网
里面闲置一片森林。有时众鸟飞尽
把山腾出来，在它上空悬置
一片白云。有时这片白云
像失声的鸟群，为重新叫出声

竟在体内，逼出了一团阴影

夜宿凤凰山

轰隆隆响了几声
仔细听，是春雷！
有什么值得欣喜的呢
我放下手中的书
跑到窗帘后，掀开一条缝
窥视山下的城市
人们在喧嚣中，忽略了
这声音，身体中沉睡的部分
也错过了苏醒。时维戊戌年早春
深居凤凰山上
春雷滚过后，黑夜静寂
与我一墙之隔的陵园中
墓草拔节时，竟然弄出了
推倒墓碑的声音

失败者

花了二十四年
也没有，让自己
死掉一次，在母亲心里。
真是失败，谁知道
他已经努力过了
比如投身流水内部
成为大海轻浮的暗斑
比如在烈火中失眠

化作一捧醒着的灰烬……

更多时候

他端坐母亲梦中

苦苦相劝，甚至狡辩

死亡和睡着是一码事

而母亲为了帮他

也曾选择割腕，喝药

半年间掉完一头乌黑的长发

但他仍然没有死干净

像一块顽固的瘀血，在母亲心中。

失败极了，真后悔

作为死者，他想

退回到子宫里去

退回到生的起点，甚至朝着

母亲相反的方向，独自

隐身于，漫无边际的

黑暗中

后来

我把自己打开，成为天空的死角

云只要足够白，就能在大地上留下阴影

我因心怀仇恨而接近凡人

你因目空一切才得以飞升

苍鹰

这让我想到，一种长毛的云朵

腋窝中藏着血管。它静止在
蓝天的表面，肉与骨架
安放在身体的概念里，成为
一种实体，一个有重量的影子
它本事大，能将自己提起来
挂到神的高度，除了
向生命索取了飞翔
还将一颗杀心，端到天上
我仰视它，以一只
土拨鼠的姿势；而它俯视我
像黑色的太阳，滴漏出光

日记

明晃晃的，阳光落在桌子上
这个寂静的早晨，托马斯·哈代
与我相遇在花鹿坪村，一间
凌乱的屋子里。当我翻到
第 480 页时，一只黄雀飞进来
不停地撞击着天花板与墙壁
它那么惊慌，我甚至担心
它会误伤自己，我捧着它
从窗口放出去。当它飞离我的手心时
翅翼下扇出一股
微凉的风，作为一种回馈
托马斯先生，整个夏天我都被
关在这里，现在
我要写诗了，只有它
能让我飞出现实的藩篱

托马斯先生，一个囚徒
若能被自己的诗歌捉住
并释放，该是多么
幸运的事啊

黑白配

父亲逝世六年了，他生前
和母亲的合影，仍挂在老家的墙上
或许是死亡暗中加码，那相框
竟然朝父亲一方倾斜了。最近
回去过一次，母亲盯着照片看
半晌后，伸手抬高父亲那一角
让他看起来，还在和自己平坐着

鱼

鱼是水中的钉子
穿过水层，他们
把大海钉在陆地之上
我看到的，鱼
像农夫，在云朵上耕耘
他耗尽一生
都没能逃离
天空摁下的手印

落日

车过郊区工地，不经意抬头

看见吊机把一个人
送进高空。他站在脚手架上作业
落日经过头顶，像钢筋
在天上扎出的一摊血迹
当我正要，给身边的人们
指出这壮丽的景观时
一束鲜红的光，从他的安全帽上
折射进车窗，似乎是
那个刚刚捅破天空的人
想把沾满血迹的凶器
强行塞进我的手里

时间中的自我呈现：谈影白的诗

// 李壮

李壮，青年评论家、青年诗人。1989年12月出生于山东青岛，现居北京，供职于中国作家协会创作研究部。有文学评论及诗歌发表于《中国现代文学研究丛刊》《当代作家评论》《南方文坛》《人民日报》《文艺报》《人民文学》《诗刊》《星星》《扬子江诗刊》等刊物，作品入选多种选本并被《新华文摘》全文转载。曾获《解放军报》第五届长征文艺奖文学评论奖、首届风逸文学奖诗歌奖一等奖。出版诗集《午夜站台》、评论集《亡魂的深情》。

我与影白兄不是第一次见面。两年前我跟随《诗刊》去云南昭通参加一次云南青年诗人的诗歌研讨会，也是像今天这样一对一的研讨方式，那次我评论的青年诗人是张翔武。记得当时拿到一份小册子，是与会青年诗人们自己印制的诗歌选，每人都有一些作品在册子上面，我发完言之后，大致翻阅了一遍。其中有一个人我印象很深，诗写得很好，人长得很凶。诗风颇为硬朗利落，抬起头再看看人，脸也是线条分明的，而且不苟言笑，下巴上蓄着胡须，很有些《水浒传》里侠客的味道。

那次昭通之行给我留下了很深的印象。今天谈云南的青年诗人，就不能不先荡开去说几句云南。我要说的是云南的“气候”。首先是小气候。云南是诗人扎堆的地方，对青年诗人来说，成长的空气或者说语境非常好。这个优势是国内其他大部分省份都无法比拟的。一方面是有雷平阳老师这样卓越且热心的前辈诗人带领、提携；另一方面，青年诗人自身也争气，已经形成了颇具规模的群体。像我去昭通那次，十几个青年作家一排坐开，那的确是很壮观的。十几个人水平风格未必完全相齐，但总体来看，写作水平都很高。一个地方，形成有青年诗人的群落，大家可以相互勉励、交流，这对青年诗人的发展会产生非常重要的推进作用。

其次是大气候，与云南的风物气场有关。与云南相关的是边地想象，再具体便是大山大河。既“边”而又“大”，就形成了阔大而沉静的总体气质。而在这种气质里面，时间的形象就会得到凸显。我当时有天中午，在昭通路边溜达，看见商店台阶上悠然坐着的老人，以及午后空荡马路上慢悠悠蹬着三轮车的老太，便觉得很好，仿佛是看到了人在时间内部的自我安放。那次还去了大山包，江水之上是悬崖峭壁，峭壁上是一条窄窄的古道，唐朝时运送茶叶的马队就从道上入滇出滇。当时有一个细节忽然让我心有所动，古道的石阶上留有古人的马蹄窝（踩出的小凹槽），我走路的时候忽然脚陷了进去，低头一看，发现形状几乎刚好吻合。对于这个场景，我还记录在了一首诗里面。这也是人在时间内部的自我安放。总体来说，山河历史在云南这片土地上不断杂糅、沉淀，由此形成的气质是沉静中又有苍凉的。

为什么说这些？因为这一切都与时间有关，都隐隐地指向诗歌中的时间主题，它们与人对时间的体验、人在时间中探求自我的渴望有关。正是从这一点上，我认为我对影白的诗是有感觉、有话说的。影白诗歌诗意生成的核心动力，大多与时间有关。或者说得更具体一点，影白的诗歌，往往是关乎时间形象、时间体验在生命动作中的浮现，以及时间浮现过程中人的自我呈现。

这类与时间有关的动作，可以说是非常丰富的。包括“寻”（《筇竹寺访五百罗汉不遇》）、“饮”（《戊戌八月初六与张翔武柳燕晌午饮酒》）、“雕刻”（《一方闲章》），也包括“沉默”（语言行为也是广义上的动作，而沉默又是广义上、甚至某种程度上更本质的语言，沉默主题在《剧情之诗》《读日本作家远藤周作〈沉默〉有感》等诸多诗作中都有展现），等等。而影白诗歌中的时间体验本身，也具有极其多元的维度。它可以是共时性的：《戊戌八月初六与张翔武柳燕晌午饮酒》，喝酒的远不止作者以及题目中出现的两人：“坐在他厨房里喝酒的/远远不止/我们仨。”还有谁呢？还包括“来自朝九晚五的写字楼”的人、“人潮涌动的大街上”的人、“静默如谜的书柜中”的人、“以及我们酒后脱口而出的人和事”。空间在此是交叠的，更重要的是，时间同样变得含混、开放、神秘而富有情感气息。《筇竹寺访五百罗汉不遇》同样如此：去今日的寺庙里寻找过去的罗汉，结果是显而易见的；然而诗人真的是去寻罗汉的吗？不如说是去寻自己，而那个真正意义上得到熨帖和认同的自己，很可能恰恰是处在现实时间之外、甚至是与旧日的罗汉们悬置于同一虚拟之境。这才是“寻罗汉”的关键所在。

除却共时性的时间体验，历时性时间体验在影白的诗歌里同样醒目。线性流逝的时间本身携带着巨大的悲剧感。《新生》里有这样一节：“我深知/自己所能抵达的每个秋天/都在不遗余力地/展示着一种/前所未见又/显而易见的枯竭。”这显而易见的枯竭，当然源自时间之中人自身的限度，或者说人对这一限度的越来越清晰（同时也越来越无望）的了悟。这种了悟近乎本能地推动着诗人的语言，因为“说出”一事本身便是对绝对虚无的存在主义式抵抗——正如同一首诗里诗人所说的那样，源于身体的一切，终会落在“才尽词穷的语言上”。这并不是完全灰色调的，因为即便“他所能顾及的事物/越来越少”，但终究“越来越接近/那个破镜而出的他”（《中年的另一种》）。这是时间主题背后，人对自身的悄然抵达。

共时性与历时性也有在诗中合一的时候，例如那首我很喜欢的《故人》。那朵热衷奔跑的云，“安静下来的样子如同我/多年不见的/一位故人”。这是写故人，也是写“我”，甚至是在写“我们”。因为接下来，当影白看似随意地说出“落日在西边享受着他/易失的安静”这样的句子，他其实触碰到了一种历时性与共时性交融、瞬间与永恒共在的哲学性存在状态，而这种状态具有极强的语境吸附能力及隐喻生产能力。这样“变”与“不变”、“焦灼”与“安宁”晨昏交界的时刻，被影白敏锐地捕捉到了。时间，以及存在于时间中的“我们”（作为象征引申意义上彼此的“故人”），因而在语词中获得了形体。

这种洒脱与悲凉并存，既从容又紧张的气质，也直接体现在影白的诗歌语言之中。他的句子往往有力而干脆，诗节和句子结构都较短，有几分斩钉截铁的意思。但那看似爽利的切分，有时倒更像是长节奏的断裂，无疑义的表面背后是大疑义的刻意裸呈。看似潇洒的外表背后，其实流露着不安、焦灼乃至悲怆，如同神秘侠客锐利的刀锋背后藏着砍不断的身世过往。也正因如此，影白的诗歌往往在最后落脚于“爱”：“你爱上了这无声无息中的 // 这疾速中的 / 寂静如水的事物 // 或者，被爱 / 无止境的被爱。”（《无止境的那一秒》）

柳絮如斯

// 影白

影白，原名王文昌，1977 年秋生于云南昭通。诗散见于《人民文学》《诗刊》等刊物。参加诗刊社第 30 届“青春诗会”，第 31 届鲁迅文学院高研班学员。著有诗集《红尘记》。

筇竹寺访五百罗汉不遇

三百年前的柳杉
飘洒着昨日雨水

与僧人擦肩的俗人
是我，和我恍惚的身影

五百罗汉空出来的梵音阁
与天来阁，落满了一层

浪漫主义和
现实主义的尘土

寺里那蓬筇竹
有五百根

它们向死而生的节
隔着的是什么？

它们翠绿而寂静的叶子
有的落在寺中

有的落在
我惘然而归的路上

戊戌八月初六与张翔武柳燕晌午饮酒

坐在他厨房里喝酒的

远远不止
我们仨

那些来自朝九晚五的写字楼
人潮涌动的大街上
静默如谜的书柜中
以及我们酒后
脱口而出的
人和事
亦在其中
与我们推杯换盏

他们分享着
我们的烤鸭
竹笋腊肉
撒了白砂糖的番茄
清水里沸腾的
白菜心
时代赋予我们
各自难于趋同的偏见

谁喝光了张翔武的
一坛青梅酒?
也喝光了我们各自角色的
可见性——
一颗青梅扑通一声
掉到了他
理性而无奈的
酒杯中

楼下两棵龙爪槐

在这秋天依旧

郁郁葱葱

在这转瞬即逝的晌午

它们一动不动

不言不语

如同在彼此

南柯一梦中的俩闲人

剧情之诗

你见过一个

内心崩溃的人吗?

电影里一个长达十分钟的长镜头

一动不动地对着大海

海浪此起彼伏

却没有半点声响

——他始终没出镜

在这部人满为患的电影里

在我刻意写他的

这首诗中

——而在我们熙熙攘攘的生活中

你能不能一眼就辨认出他

青年时

中年时

和老年时的模样？

——电影重复着无数人的
十分钟的长镜头
海浪此起彼伏
却没有半点声响

新生

对我而言
终有一天
爱不再是
具有自出机杼意义的动词
不再是我为之提笔
或者，活下去的
唯一理由

我深知
自己所能抵达的每个秋天
都在不遗余力地
展示着一种
前所未见又
显而易见的枯竭

源于身体的
终会落在荒草间

亦会落在
才尽词穷的语言上

落在眼前窗外
目所能及的事物上

而源于冬日
炉火的
我手中干柴知道
那是噼啪作响势如破竹的新生

柳絮如斯

我们精疲力尽伐光彼此
身体里的柳树

而湖水中的柳树
还在晃动

它们单一
不可言说的柳絮
在各自远去
也在一种日常性的
永失中归来

中年的另一种

忽略的事物太多
令他披头散发

内心先知们的一把桃木戒尺

每日，被生活侮辱一次

秋风聒噪的空
周而复始，是落叶

觊觎的一种权力
亦是它们深渊般的归宿

秋雨的阴冷如同另一种
堪比死亡的权力

他所能顾及的事物
越来越少，越来越接近

那个破镜而出的他
与疯僧为伴，见佛杀佛

镜中时间

某日我自负一时
特权一时
傲慢一时
飘飘然
居浮云一时

那日无我一时
也是无情一时
无醉一时
也是有罪一时

昨日当头
棒喝一时
也不过是
惶惶然匆匆流水一时

今日无镜
找镜
唯有心中明月
不厌其烦
相携一时

戊戌白露

零点三十分的酒碗里
一群逆风而来的露珠

瞬间凝固成了一个无我相
无人相
无众生相
无寿者相的厨子

酒过三巡
一脸醉意
在他礼崩乐坏的酒碗里
我们还徒劳无益地辨识着
猛火灶的善恶
油锅的善恶
酒的善恶

水无常形的善恶

我们用着尺寸
大小
材质一致的酒碗筷箸
却有着各自
独立的醉意
各自独立的冷暖自知

各自独立凝结成的一颗露珠

故人

清风袭来的傍晚
在楼顶乘凉
看一朵热衷于晨跑的云
安静下来的样子如同我
多年不见的
一位故人
落日在西边享受着他
易失的安静
这安静中
易得的悲观
他与我耳语
在落日无边无际的国度
悲观是晶莹剔透的
薤露的一种远见

无止境的那一秒

哲学家加斯东·巴什拉说
水的苦难是无止境的

毋庸置疑，苦难如水的事物
亦如此，它们一直紧贴水面

飞行，或者飘落于水中
比如无声无息的落叶

比如你坐在湖边长椅上
看着落叶的脸

比如一只雨燕疾速的身影
正掠过你满含泪水的双眸

有那么一秒
你看到了它寂静如水的苦难

有那么一秒
你爱上了这无声无息中的

这疾速中的
寂静如水的事物

或者，被爱
无止境的被爱

三升水

每日不止三升水
从我体内流过
它们带走我每日
不可逆转的消亡
以及，内心不断滋生出来的恶

书中一场暴雨的况味

西红柿的况味，芒果的况味
薄荷的况味，白菜的况味
茄子的况味，胡萝卜的况味
榴梿的况味，黄瓜的况味
土豆的况味——
它们被煮被蒸被涮被烤被烧被炸
被炒的况味
它们自我腐烂的况味

人的况味，饥饿与重疴的况味
贱民的况味，独裁者的况味
天空的况味，白云和
乌云的况味，那时
此刻，波云诡谲的况味
一场姗姗来迟的暴雨的况味

山中的事物

我的愧疚令我看到了乌云

乌云中，山巅是溪涧边踏春的人头
恍惚间，他们是清癯的羊群
沉默于一场山雨之前的天色

一束光

夏日清晨的微凉
是一束光
忽远忽近的
几声鸟鸣是一束光
石壁上恣意生长的蒲公英
是一束光
醒来又睡去的腕表
是一束光

书中那些被伤害与侮辱的人们
涌上街头是一束光
他们走向山中的教堂
和墓地
是一束光
他们与我
擦肩而过是一束光

关于蝴蝶的一首小诗

每写一首诗都有
破茧之感
而面对这世界，我知道
多元的生活与单一的写作

并非这慰藉本身
——它让我看到了光
带来的蝴蝶
和不可预知的斑斓

一扇窗

我的偏见是暴雨中
安静下来的一扇窗
窗外，有青山，有绿水
也有我，这一生割舍不下的事物

一念春心

我有梨树的前身
白云的今生
我一念春心
一身雪白
闪电常常击中我
漆黑的雨声
犹如爱，或者
被爱的一刹那

致某某，或者虚无

每日，翠绿色青菜
染绿一锅沸腾清水
不过短短几分钟
——你知道，这短短几分钟

无常的天空
没有一片乌云飘过
而乌云明白，这短短几分钟
洗净的天蓝色羽绒服在楼顶
滴答滴答地复述着自己
一生中，所见肉身的
重和轻

一方闲章

我不刻一字，只把它焐热
只给它人的希望
只让它看看这人世间有什么比它更加冰凉

白云传

狮群归来
天空狂风大作
一只苍鹰
在它们眼中
如一件孤悬的破僧袍

慈眉善目的僧人
赤膊走在狮群后面
不言不语
羊群跟在他后面
狼群披着羊皮跟在羊群后面

它们的后面

是一眼望不到边的象群
象背上
是流离失所的猴群

天空狂风大作
狮群成了破僧袍里的白骨
白骨在僧人眼中
长出了青草
羊群低头
啃噬着青草

天空狂风大作
不言不语的僧人
走在大地上的青山绿水间
如一道闪电

读日本作家远藤周作《沉默》有感

读罢之后的几年时间
发现身边沉默的事物越来越多

夜色沉默于为自己送葬的人们
——为什么浮云
总是遮蔽着明月？
他们沉默于挣脱一切束缚而来的曙光
——为什么太阳
带来光明，也带来黑暗？

我沉默于这问号的战栗

沉默于这战栗中
无常的每一日
我沉默地爱着
这无常中的每一个人
就像他们沉默于自己的葬礼一样

我的书房在白云上

不出门我就在书房
做一些
过眼云烟的事

在光速中与
访庄、酿桃、浇书
醒石、喷墨、味象
漱句、杖菊、浣砚
寒沽、问月、谱泉
囊幽、孤往、缥香
品梵之人
保持一阵风的距离

江上行舟

温州忙忙碌碌的天空
流量控制
令我
不得不慢下来

慢下来看暮色苍茫的

嘉陵江
江上有人行舟
芝麻般大小的
他
却长了一副狮子的好嗓子
他喊什么
静默的江水
就会吞噬什么
他喊什么
似有似无的回音
在江面上掠过
如同曲终人散的
维也纳的一个演奏厅
空留耳根
片刻的清静

而这清静里
不乏有一种趋于
永恒的
我们睁眼即见的喧嚣
植根其中

旧句

冬日楼顶的无花果
是古稀之年
狂草依旧遒劲的张旭

鸟鸣辞

删除或者涂黑的
诗句
她们还在
昨夜的半釉盏里犹如
空山鸟鸣于我
耳畔萦绕。

西街路旁新植的
银杏树
叶已落尽
阳光赋予它们冬天
清瘦的模样

它们在我脸上
写一封
无人知晓的信
有时用朔风冽冽的长句
有时则用行色匆匆的
路人的
省略号。

有时它们停笔
犹如她们
给予我自嘲般的一树鸟鸣。

题跋之诗

一块巨石被扎根于
裂缝间的一株小树崩裂。

我满怀敬意
鞠了一躬
对巨石
也对那株
终将长成参天大树的小树。

它们在这幅
历经人世沧桑的画里

巨石清晰可见的
裂纹
跃然于我眼前
一直延伸至我闹中取静的眼底。

它们在你中
有我
我中有你的浓墨中
继续以一种美的形式
生长
崩裂。

休止符

——致小提琴演奏家安妮·索菲·穆特

时缓时急的雪
比母亲
起得还早。

天已大亮
我在楼顶看雪想起一个女人
一把小提琴

仿佛这雪是
吉卜赛人带来的一场
艰涩
深奥的欢愉。

母亲赶早市归来
拎着一棵
顶着这欢愉的青菜

它翠绿而
饱满的样子如同我
想起的
那风韵犹存的女人。

信手拈来的事物

在这首诗里醒来的
世界

雪深五寸
我是七岁顽童。

白茫茫的词
令我欣喜。

信手拈来的事物
除了天寒
地冻
就是用爱堆起来的一个雪人。

以镜为窗

几根静谧白发
几根远山藤条。

清风徐来
它们枯荣
如同我面窗一时

而白云时时擦窗
我侧身窥见的一只白鹭
已孤绝成癖。

伤风帖

从古印度的一个个达摩
到中国禅宗的见性成佛

我困缚于局外人的一次
头重脚轻的伤风。而他

困缚于词语、概念
固定的原理
或者严格的行为规范之中。

他的头重令我一度焦虑
他的脚轻令我一度缄默。

在他的有与无
生与死
相对与绝对和水与酒之间
我需要拒绝什么尊重什么？

戴着头盔的送水者
让我等一下
我左手紧握的刻刀
让我等一下

他不可言说的生活。

书房杂咏

一

出门散步前
在书房燃一盘香。

而我要去的地方
也是大漠
孤烟直。

二

我的图书分类：
风、雨、雷、电
和一些柔软的石头。

三

在书房假寐
一翻身，看到了光
从黑暗中来又
回到黑暗中去

——留下的七分静谧
我镶嵌在了这首诗里。

四

一只狼在简装书里放哨
一匹马
正漫不经心地走进存在主义的咖啡馆

我木匠舅舅听得一头雾水。

五

左边小窗
一阵寒风不请自来——

独处是一个人最好的飞行模式。

六

夜深萤窗
一棒喝
是谁?

佛陀、苏格拉底、马尔克斯
奥登、布罗茨基、范厨……
——那晚落雪的时候
我在听穆特拉小提琴

分心走神了。

七

寒来，暑往
我有一壶茶
二锅头

来者之中不乏身份焦虑者
他们常常以茶佐酒
自得其乐。

己亥雨水元宵

什么馅什么味
雨水蓬勃的秉性亦是一味。

——今日雨水
而此地无雨
晴空无霹雳。
今日元宵
一轮傲慢明月背后藏匿着的
不过是无知者
与生俱来的
一种战栗。

——今日天气预报的大风
亦是一味。
沸水中翻滚着的汤圆有我
亦是一味。

无我亦是一味。

泡沫之诗

清晨敦厚寡言的波轮式洗衣机
在反复默读我脱下的
一堆脏衣服——

时而左旋时而右旋的

涡流
来自我偏旁部首汇集
而成的大海?

洗衣液淡淡的迷迭香
在浸泡
洗涤
漂洗我日常的五味杂陈?

那即生有灭五光十色的
泡沫读透了我?

——多好啊，我们互为
彼此的读者
在这初春的清晨
活在遍地泡沫中的我们。

烟花之诗

庆祝无意义的烟花在
一群孩童乐此不疲的手中
嗖嗖地冲向夜空——
为什么是无意义? 为什么
以庆祝的形式? 为什么一声声爆裂
令孩童恐惧又欢欣鼓舞? 为什么我和
烟花中走失于这
人世的盲人一样
在这些无意义的问题上
犹如孩童一般

乐此不疲——
哦！璀璨夺目的事物在
这邈远夜空亦在
我们欲壑难填的内心深处。

死者之诗

死者通过这首诗
找到我并非难事。

他们天生具有化蛹成蝶的
能力，在他们的墓地
在我的书房
年年梨花白。

炼尸炉缓缓推出他们
白骨的那一刻
火的神性，令我提笔
令我不得不相信一朵朵
齑粉状的
白云的真实性。

是的，他们充斥着
这首诗的
四面八方
我悬于他们带来的
喜怒哀乐之词之间。

在他们之中，我已分不清

谁是亲人谁是敌人
遗忘让我羞愧却又
让我偷生于
这首诗里——

他们通过我的羞愧
找到这座给予他们
片刻心花怒放的
花园，亦非难事。

彭飞　《家四》　水彩画　41cm × 31cm　2014 年

为自由找到归宿

——略谈张雁超的诗歌创作

// 汪剑钊

汪剑钊，1963年10月出生于浙江湖州。先后毕业于杭州大学和武汉大学，获俄语语言文学专业学士、外国诗歌史研究方向硕士和中国新诗史研究方向博士学位。现为北京外国语大学外国文学研究所教授、博士生导师。出版有著译《中俄文字之交》《二十世纪中国的现代主义诗歌》《阿赫玛托娃传》《诗歌的乌鸦时代》《比永远多一秒》《俄罗斯黄金时代诗选》《俄罗斯白银时代诗选》等40余种。

我跟云南这片土地真是有非常深的缘分。20 年前，我曾经主编过一套“俄罗斯白银时代文化丛书”。《边疆文学》的现任主编潘灵那时还在云南人民出版社文学部当编辑，他来北京向我约稿。于是，我与他谈得相当投机，其中介绍了俄罗斯白银时代的文化及其价值，他表现出了很大的兴趣。后来，在社长程志方的支持下，便有了那套“俄罗斯白银时代文化丛书”的顺利问世。这是国内与俄罗斯白银时代文化有关的第一套丛书。在这套书的带动下，国内相继出版了一大批关于俄罗斯白银时代的书，此后，在读书界掀起了一个不小的热点。可以说，国内现在对俄罗斯白银时代诗歌和文化的关注与兴趣，其实也得益于云南的开风气之先。因此，云南不但在诗歌、小说上为我们国家的文学做了很多贡献，对我们学术界也有很大的贡献。此外，我有很多来自云南的朋友，也有很多朋友仍居住在云南，包括平阳，我们认识至今也应该有 20 来年了。所以，我一看到云南诗人的作品，本能地会浮生一种亲切感。

这次研讨会分配给我的任务主要是谈一下张雁超的诗歌。说实话，我还是第一次读到张雁超的作品，对这个名字，我还不太熟悉。当然，这可能归结于我的孤陋寡闻。不过，当我看了他的作品以后，我刚才说到那种对云南诗人的亲切感，似乎又加深了很多。因为，我觉得贯穿于他诗歌的一个很重要的特点，就是非常接地气，这是一种来自日常和当下的写作。按照张雁超自己的说法，他的写作目标是要通过诗歌找到一种自由。对此，我的理解则是这种自由不是绝对的自由，不是没有任何约束的自由，而是那种不滥用的自由。他需要运用写作上的自由，寻找心目中的真善美。因此，张雁超的诗歌给我的感觉就是，与其说他是想通过写作找到自由，不如说是他要为自由找到一个归宿，不想让自由失去了边界，在流离失所中自行毁灭；而是运用有一定限制的自由，也就是利用天赐的语言，找到一个人生存的价值，表达对这个世界的看法，并提炼从这个世界获得的经验和心得。

作为一篇文章，从破题的角度来展开，首先应该从张雁超是怎样来运用这份自由这一点上说起。刚才我提到了接地气，也就是说，张雁超是从日常性，从生活的细节来着手自己的诗歌书写的。我觉得每一个出色的、有出息的诗人都应该意识到这一点。前一段时间很多人被一句话给误导了，那就是“诗和远方”。这话让人觉得诗好像跟身边的人、当下的生活没有丝毫关系，诗歌或者一切美好的东西似乎总是存在于一个虚无缥缈的远方。我觉得这是一种危险的误导。与之恰恰相反，我觉得，一个优秀的诗人应该时刻关注自身、注意周边的生活。我认为，作为一名有出息、有抱负的诗人，他应该具有超常的能力，这种能力并不意味着临空高蹈，而是着眼于平凡，在日常生活中发现诗意或诗性，在现实中创造超现实的世界，他甚至能够在锅碗瓢盆的碰撞之间找出隐在的诗语，唯有如此，才显出其高明之处。如果仅仅走到一处大森林、一片大海面前，那种美好的风景里面，你能生发诗意感慨的话，那不算本事。在我看来，只有在日常中，在跟亲人相处，跟朋友交往的中间，在面对现实的各种大小事件和细碎的物件时，可以从中感受到生活的美好，从这里面悟到诗的存在，才算是正途。我想，雁超的这一写作倾向，可能得益于云南诗歌一个很好的传统，像雷平阳、于坚、朱零（尽管朱零在籍贯上是浙江的，但实际上他也算是云南出来的诗人）等具有在平淡中出神奇、在庸常中开掘的能力，张雁超的写作也应该是这条线上的。他们的诗歌都有一个很重要的特点——不做浪漫主义的夸张，而是用一种平实的语言书写百姓的家常，直抵生命最朴素的层面。这样的作品会让人感觉到诗歌与阅读者之间有一种无距离的亲切感。在阅读的时候，读者能通过文本在自己身上找到某种关联，由此产生情绪的共鸣。张雁超的诗歌也流动着这样的气息，他关注到了诗的日常性渊源。

需要强调的是，这种对日常性的关注，肯定需要落到实处。谈到这种落实，我们就需要讨论一下张雁超的具体作品，尤其是那几首写出了父爱的作品。这也是特别打动我的东西。我相信，儿女的诞生会使人在价值观上产生大幅度的改变，张雁超这些写父爱的作品，在某种程度也唤起了我的经验。记得我的女儿出生时，我也曾经写过一首诗，叫《我在你的诞生中诞生》。我觉得，伴随着孩子的出生，自己好像也重新诞生了一次，由此，你的人生经验、人生构想，包括你对这个世界的看法都可能会改变。孩子的降临适度调整了你的方向。张雁超的诗歌在这方面有着突出的表现。在诗中，他记述和表现自己与女儿进行的游戏，在玩耍中发现了潜藏在其中的诗性元素。这正好与英国诗人华兹华斯提出的“儿童乃成人之父”的观点相吻合。我们通常以为成人比儿童更高明，但华兹华斯告诉我们，离诗歌最近的可能是儿童，而不是成人。阅读张雁超的诗歌，我们可以发现，他陪伴女儿一起玩耍，进入到儿童式的天真、放松，甚至可能会跟孩子一起进行撒谎的游戏。我不知在座的诸位是否玩过这种游戏。我跟我的女儿就玩过，两个人坐在那里吹牛，看谁吹的牛皮更大，一个说我一步跨上了十层楼，另一个说我一蹦跳到月亮上；一个说我一脚蹬掉了喜马拉雅山，另一个说我一口吸干了太平洋……正是在这种善意而略带荒诞的撒谎，父女两人都体验到了某种欢乐的亲情，同时也极大地拓展了孩子的想象力。张雁超的《为父》让我回到了当年与女儿做游戏的场景：

她使用她的词语像在破坏我们
的词语，她搅乱每一物的命名
无视我们所迷恋的框架
词汇无法追赶她的想象力
……
烤箱正烘着六个冰激凌饼干
而且她的锅里还煮着一头大象

这些诗句读来令人忍俊不禁，过后又会若有所思，在夸张和荒诞的语句背后隐含了生命的单纯与美的愉悦感。

其次，我想说的一点跟云南的地域性有关。张雁超诗歌中有很多关于自然的描写。这部分关于自然的书写，例如《空山无人》《雨落草木》《垂柳》《没有无辜者》，恰好跟目前世界上比较推崇的生态主义意识相吻合。对此，我不知道他是否通过阅读而得到这样的认识，还是他仅通过直觉而在心灵上有了默契。20世纪以降，有学者发现，人脱离了大自然以后，丧失了对自然的感恩心和敬畏心，面对自然更多的是剥夺而非保护。这种不断剥夺、不断索取的后果非常严重，它们引发了产生了极其严重的生态危机，因为，等到自然被剥夺殆尽的那一天，人类恐怕也得消亡。正是从这一点出发，生态主义者提出了保护自然的建议，并提醒人们这种保护实际上是对人自身的保护。在生态学者中间，另外还有一部分人则认为，人并不是世界的绝对中心，他也并不具有对其他动物的优先生存权。这种观念颠覆了文艺复兴提出来的“人是万物的灵长、宇宙的精华”的观念。张雁超的诗歌不仅赞美自然的美与和谐，同时还提出了人在进行生态性保护时应承担的责任。

张雁超诗歌的另一个特点，就是他对历史的关注。我觉得，一个好诗人，他决不是凭空成长起来的，仅仅是 片废墟是不可能建成高楼大厦的。诗人需要关注传统，关注历史。在这方面，张雁超绝不是一个文化虚无主义者，他的写作有自己的来历，也有生命的源头。刚才，我说到了诗歌写作应该从身边开始，从个我的经验开始，这是一个正途。不过，如果仅仅停留在个我、私密的状态下，不再向前发展的话，那么，你可以成为一个技艺出众的诗人，甚至堪称优秀的诗人，但肯定不是一个大诗人。真正的艺术大师必然是从个我开始，最后又必须摆脱“我”的束缚，站在人类的高度上，走向一个更为广阔的天地。诗人在回眸历史中间汲取力量，得到根脉上的支撑，以进抵所期许的未来。在这一点上，张雁超的诗歌有这方面的自觉努力。在《后登台》一诗中，作者的灵感无疑来自对陈子昂诗歌的阅读，或者说，陈子昂的那首著名的《登幽州台歌》催生了他的想象力，结合诗人当下的一些感受和体验，形成了诗歌写作中的“后”：

庙顶的荒草仍然高于废庙
他眺望大过江湖的云卷
云卷滚动，将城市压低压小压空
这时陈子昂走上了他的心头
陈子昂说，当年站在幽州台吹风
一个人想着想着就哭了

这是一种被称作戏仿式的后现代主义写作。通常，我们会觉得陈子昂《登幽州台歌》表现了一种失意之后仍不放弃的宏大抱负，以时空的宏博来喻示人事的变更，诗的境界雄浑、壮美。张雁超的这首诗在诗题上就以一个“后”来拆解文化的重负，并以草的“高于”庙来强调平凡的价值。由此，他指出，“前不见古人，后不见来者”固然有着强烈的历史内涵，但在真正的生活中他（陈子昂）可能就是在感慨时运的不济，一己的悲伤。从某种意义上说，这首诗恰好可以用来跟韩东的那首《有关大雁塔》对读：

那些不得意的人们
那些发福的人们
统统爬上去
做一做英雄

然后下来
走进这条大街
转眼不见了
……
我们爬上去
看看四周的风景
然后再下来

它们不仅有相似的主题指向，都是对伪崇高、虚夸的理想主义的讽刺和消解，而且在写法上也有所呼应，用语朴素，节奏平缓。

另外，张雁超还有一首诗叫《没有无辜者》，作品如下：

这一刻是你的，也是你
之外的一切，共同拥有的
那山上的庙宇是众人的
也是一只飞鸟的，也是一粒尘埃的
遍布大地的厄运和悲伤
是我的，也是你的
我发现这无限螺旋的循环：
在你左右蚂蚁肆意排布弱者命运时
你亦在更强者加盖的陶罐之中
一片草叶则是人间的底片
没有绝对的强者，只有命运的放大
或顺序的更改。我说这是我的
而我更知道，这是共有的
今天我承受的侮辱，明天你会得到
现在我所领悟的，昨天从你手中滑落
这短见的人类，是你的，也是我的

这首诗在阅读经验上再一次点亮了我。表面上看，这世界上的每一个体好像都是互不相干的，仿佛各自在忙碌，奔波于规划与生活之间，从事一些看似重要实质无意义的事情，极端时造下了罪孽与恶行。有时，那些罪孽与恶行的发生，可能出于偶然，或者只是个体的行为，与他人毫无关联。但细细一想，对个体的纵容或者看客似的旁观，某种意义上也是罪和恶的帮凶。再者，从系统的角度而论，世界是一个相互牵引着的链环，有的链条虽然相距遥远，但彼此存在着隐秘的链接。在这个意义上，我觉得张雁超的这首诗突破了自我的封闭，向一个更大的自我、一个更开放的世界，或者说向人性更深的地方展开了挖掘。这也是张雁超创作上很重要的一面。

接下来，我再谈一点对张雁超的期望。总体上来说，我觉得，他的诗歌已经写得很成熟了，他在诗歌语言的把握上，在诗歌结构的布排上，在词语的取舍上对叙事元素的运用，都显示了不俗的功底。但是，成也萧何，败也萧何。作为一名比他年长一些的写作者，我也希望向他提供可供参考的一点前车之鉴。必须指出，张雁超大部分的诗歌都使用由叙事来推进的模式。它们在掌控的比较好的时候，可以增强诗的感染力，在起兴上营造诗的氛围。可是，一旦对之过分依赖的话，就有可能削弱诗的力量，沦入琐碎的罗列中，也就会伤害到整首诗的诗性挥发。因此，对叙事性的运用一定要适度，控制在为诗的整体效果服务的基础上。在我看来，诗的本质毕竟还不是叙事。对于诗歌来说，叙事恐怕只是它的一个亚元素，虽然是很重要的一个亚元素，但如果把它推到极端，甚至过分依赖的话，它就可能成为写作者的一个陷阱。就文体而言，叙事主要还是散文性写作的本质性元素。我的建议是，张雁超在叙事性的运用上，还可以更为节制一些，甚至可以考虑在某些篇章中舍弃掉。

另外，我阅读到张雁超的22首诗，它们的篇幅都不大。如果要对这份诗歌做一个概括性评判，我觉得它们有点像旧体诗词中的绝句。这种绝句式的写作，它的好处是精炼，可以一针见血地点到某个穴位上。而短处也在这个地方，使得诗歌在格局和气势上有所欠缺。所以，我阅读他的这部分诗歌的时候，虽有所领略却不时滋生一种不满足的感觉。这里，借用古典诗歌的说法，张雁超不妨改变一下，既要有绝句式的写作，也要创作“律诗”，甚至“长律”，尝试一下体量更大、含括度更广、结构更绵密、节奏更有起伏的篇幅。那样，或许能够充分展现你自己的写作意图，能够配得上这个时代、这个国家对你的吁求。

在张雁超的22首诗歌里，我非常看重《剧场》，应该说，在这首诗里面张雁超已经有一些写作上的突破：

可想而知，这里也开过无数
胜利的大会，布置过旗帜和徽章
构成的宏大背景，让坐在上面的
从传统文明中汲取到了中、正、
左、右，单双数排序，座签与职位
紧密的社会关系排列规则与禁忌

舞台几乎占去剧场一半空间
部署、宣读、传达、领会、演出……

俗话说，人生如戏。在前面的仿真性陈述之后，作者开始虚写，以语言的魔术让词语唤起人们的阅读情绪，抓住观众的“眼睛”，让他们自己“递上来”，把演讲与倾听两个“对立”的阵营“和谐”地组织到一起，再以“我”的代入，将生活和舞台叠加起来，透视生命的表演性和人性的弱点：

在舞台中央站一阵，我察觉到台下的
人在缓慢地变成小于他本身的事物
而我则由内向外地清晰膨大起来
令我懊恼的，是居然没有任何
旷野上的事物到台下鼓掌和鞠躬
这让我起了毁坏的念头……

就篇幅而言，《剧场》相比其他作品要长一些，而且在表现的诗歌经验上也更复杂一些。整首诗共分4节，有30多行。诗中较为透彻地拈取古往今来的一些社会共性的东西，在上台和下台之间制造诗的张力，其中既有张雁超的虚构和想象，也有确实存在着的一些现实的场景。诗歌写到剧场里“这里也开过无数/胜利的大会，布置过旗帜和徽章/构成的宏大背景”，包括后面写到对会场上的座位摆放、序列的安排，等等，都有所展示。我注意到，张雁超叙述时也很重视诗性的表达，比方说里面也有“这些词语将各自的柄伸到台上来/听和观的人们将自己的眼睛递上来”这样留有余韵的句子，它们的嵌入恰到好处。在后面两节诗中，“我”上台，最后另一个人希望“我”下台，等等，具有一定的戏剧性，为语言的游戏灌注了严肃的内涵。最后，如果说要从我收到的22首诗里面挑一首最好的，我个人倾向于选这一首。它展示了张雁超的诗歌写作的诸多可能性。因此，我建议张雁超以后能在这一路诗歌上再有所发展。当然，我这么说，也不是要他完全放弃写亲情的作品，更不是让他彻底远离绝句式的表达，而是希望他能有更全面、更完美的表现。一个好诗人多半是复杂的，或者说是丰富的，他会有很多的层面，可以写短制，也可以写大诗。我相信，在经过这次研讨会之后，雁超可以更上一层楼，并在未来朝着一个大诗人的目标而努力。

（本文根据作者在2018云南青年诗人北京研讨会上的发言整理而成）

仲夏午后

// 张雁超

张雁超，1986年生，籍贯云南省昭通市威信县。现居云南省水富市。诗歌散见于《人民文学》《诗刊》《星星》《滇池》等刊物；2015年入选人民文学第四届“新浪潮”诗会。2017年入选诗刊社第33届“青春诗会”，出版个人诗歌集《大江在侧》。

河谷

河谷里生活的人
每个都有从江水里消失的可能性
江水浑浊，大量裹挟着泥沙
江水翻滚，像是大地涌动
人的灵魂复杂多变
一个打捞浮柴的人会突然迷恋
那些流动的漩涡和光芒
瞬间承认河流作为葬身之地
的可能性，从而最后一次回头
看到山坡通向了天空
而他没有告别家人则顺水而下
使整个河谷变成奔跑的灵堂

等一等

等一等，天黑了再出门
等一等，月亮出来了再上山
月光把裸露的石头洗了一遍
又一遍。石头发白了，令人
像是在地球的肉体里游走
看到了它骨头结出白色
不规则又坚硬的花朵来
启开我们想象力的瓣
四下静如婴儿无梦的睡眠
我早就厌倦在白昼参考戏文、
对比面具，被迫赞美杀人如麻者
天才的屠技，这白的硬黑的软

我喜欢黯哑覆盖沉默的时候
一个人走路，头上戴着月亮
一如孙悟空，带着金箍

为父

她使用她的词语像在破坏我们
的词语，她搅乱每一物的命名
无视我们所迷恋的框架
词汇无法追赶她的想象力
但她眼神关切，令人犹豫迟疑
纠正一个孩子还是保鲜一颗童心
但你怎么能够拒绝
使用之前，勺子需要先化个妆
在空气中抓住的草莓和
西瓜的味道，已盛在盘子里
烤箱正烘着六个冰激凌饼干
而且她的锅里还煮着一头大象

鸣叫

不鸣叫的那些日子
蟋蟀在哪里？
夺人性命之前的日子
是否也只是
过着朴素的生活？
直到彻夜的鸣叫生出
洞穴中黑暗的蟋蟀
直到屠刀生出罪人

月牙船

它的飞翔比萤火虫更持久
时常贯穿整个城市上空的云层
而悠然隐去，可是远古的君子们
做了这船的水手，使它被感染了
远离繁华和人群的怪癖，而选择
靠近我的灵魂，用我灵魂的芦苇
制造长笛，用我灵魂的词语谱曲
船在天边，有微黄的灯光
使夜色有静谧而巨大的力量
一种辽阔，能掐灭心底井喷的火山
但是船却是我的过客，它告诉我
我死后如果伟大是因为
我能高贵的远离尘世
我死后如果可耻是因为
我曾卑微的躲避红尘

黄昏

孤鹤逆水而上，白影浮在江面
落日已去，云层映出余晖
万物相继剥去光芒和形状
光阴没有做完的，流水仍继续
水中的石头会越磨越薄
赤裸脚踝，我在江边
发现的对峙是两岸
江水来自雪山，千里奔流

仍保持着刮骨的冰凉
仿佛流来的路上
它历经之地都让它寒心

葬梦人

凌晨两点翻身坐起的人，接下来
是奋力挖坑的人。他准备葬掉他的梦
梦中他有剐杀雷霆的雄心，且立马横刀
跟流水打赌，只要愿意，他可折断任何波涛
他咆哮的十指紧握铲子，于是要起土造坑
此梦不除，何以醒来不为他人异己？
此梦不除，何以再与枷锁相伴余生？
此梦不除，何以戴得献媚者的面具？
此梦不除，何以藏住理想主义的苗头！
天光明，从床上翻身起来穿衣的
是新立的无字碑

茶水工

杯子递给她，并对她说谢谢
她认真而不甘心情愿的脸冰冷
让人意识到每个人都有要追求的梦
她既对命运抗拒，又对现实服从
灵魂的高傲和当下的卑微
在这冰冷表情中得到和解
祝福她能把握自己的人生
如她能稳稳提住手中
打开瓶盖的滚烫的开水

六月某日

树上有个叶片卷筒型六月
白云落进天空的蓝色铁锅便迅速消失
烈日这粉刷匠深爱着地球小屋
夕阳印刷的城市色彩也偏重
空调让人感到精神的细雨笼城
后来的消息让人心头轻松了
警察发现他念念有词
在请神上身，有精神病
这时已经晚八点，天还没黑
热风把大街上的人群推来推去
金沙江的鱼退守到江心
无数人背着橙色救生球跳进江水
得知杀了母亲的人患有精神病
我对世界重新恢复了信任

仲夏午后

空调嘶嘶响
这人工小气候，让人不难受
手机里跳出有人在空中
摊派谎言的声音
阳光的金条穿透玻璃
江流上方是一片非凡蓝天
玻璃外世界滚烫得像一场哑剧
窗户里，街口小店的店主
向冰箱里放进新的雪糕

剥开一只递给他妈妈
我又仿佛能听见
雪糕纸被剥开的声音

黑猫

黑猫跃进草丛
流动的线条划出一座拱桥
它低垂黑亮的头颅
它推动体内的豹子缓慢行进
它长尾竖立
它所经的屋檐
鸽子撤进了天空
如果不是它踱回马路中央
从空中俯瞰自己的尸体
如一张用血，黏在地上的黑纸
它会以为自己还活着

沧海饮

不要鼓瑟弹琴，丝弦之声会被浪涛没收
不要唱歌，海上唱歌你会缩小
用平坦大碗兑星斗痛饮吧
你想想那些礁石，如不是酒鬼
为何不给海啸让路。你想想
膨胀的膀胱，在大海之上
犹如另一个海洋，你想想你趁着酒劲
把这个大海倒进那个大海

两见猫

一次在广场慵懒的阳光中
它躺在地砖上，无限拉直身子
像个发出喵呜声响的弹簧
爪子从肉垫里伸出来
另一次是在河床上
它蜷缩成团恶臭的腐肉
苍蝇成群从它肚子嗡一声散开
又嗡嗡地飞回去

凌晨两点

对岸有列车鸣号，我双手抱在胸前
看着窗帘被外面灯光照亮的部分
突然意识到，此刻大地上
灯红酒绿的城池已经脱离了我
与我无关。世界仿佛只是光的游戏
所有大地上游荡的人们
是不是误以为世界不过在股掌之间
而谁又走出了自己的视野
没有人从自己的大脑里走出来
去抵达另一个人，就算盲人
也走不出自己的两腿
这目睹深夜的时刻，是
我离自己最近的时刻，因为放弃
我折回了自己的房间，折回了
我的床铺，折回了我的身体
折回了我的大脑

听见了自己思想的声音

没有无辜者

这一刻是你的，也是你
之外的一切，共同拥有的
那山上的庙宇是众人的
也是一粒尘埃的，也是一只飞鸟的
遍布大地的厄运和悲伤
是我的，也是你的
我发现这无限螺旋的循环：
在你左右蚂蚁肆意排布弱者的命运时
你亦在更强者的股掌之间
一片草叶就是一个人间的底片
没有绝对的强者，只有命运的放大
或者顺序的更改。我说这是我的
而我更知道，这是共有的
今天我承受的侮辱，明天你会得到
现在我所领悟的，昨天从你手中滑落
这短见的人类，是你的，也是我的

望

横江望着我
峰峦望着我
那些石头望我
那些树木也望我
世人不望我
天空望我云望我

星星望我
面壁思过的人不望我
我以为我望向的一切
都会被我的目光照亮
我常常忘记我望着世界的时候
我看不到自己
我知道望远的人
希望自己是自己的望远镜

晨光

耄耋夫妻牵手散步
男子守候一只呕吐的狗
女童帮爷爷推动蔬菜小板车
慵懒的黄猫睡在车顶上
将宠物鱼葬入河流的人
给它做了个精致的纸盒棺椁
（让猫吃了它，让猫成为它的棺椁
这人可同时成为施者和有罪者）
送女儿上学的那个父亲
观察着往来车辆，迟疑而谨慎

一夜狂雨后，晨光穿透
云雾虚拟的峰峦
同时落在这些人的身上

雨落草木

雨落在草木上，声响便有唰唰的弹性

这其中有雨滴侧身而过的避让，也有
有草木接纳雨滴的拥抱和分离
雨仅仅是指水滴奔跑的状态
奔跑停止，则归于水，即灭失
雨来，叶子会欠身腰弯去承受
挽留不住的急速坠落，令雨减速
延长一滴雨的生命，真如成佛之心
像你活在这世界，时光消解着你
但情爱让你缓慢，人与人相互挽留
我们弯腰和欠身，有亲人和爱人

隐现

凶猛野兽已经赶尽杀绝
最后这些野兽
投身于隐士生活
大隐众人之中
你不难发现
有人如野狗贪婪
有人豹子般凶残
有人则如秃鹫
为等候即将断气的人
耐心地在人世盘旋

读史后记

打开所有灯，让这楼显得鼎沸
我走来走去，从一个房间到
另一个房间，发现那么多灯

也没有让我发出光亮来
关了所有灯，我站到落地窗边前
大夜悬空，一把黑刷子蘸着黑
反复刷着天，始终也盖不住星斗
更没有让我在无光之处
就显得更黑暗一些
那么多的灯，照不亮一个人
那么深的夜，也黑不了一个人，多像
那么多修辞成海，也对不起一个梦想
那么多时事更迭，也湮不了一声哭泣

扑火

被弃之荒野的土地
融化在荒野中。深草足以埋人
竹林里满是油性的笋壳，山坡上
自生自灭的果木踪迹难觅
正月以来连日无雨，这一带
花开稀少，旧年枯枝、落叶、荒草
倾满的一坡黄金，日渐躁动
每次与众人扑灭一处火势返回
总觉得看见了这些因枯败
而生出的幻觉黄金中
隐藏着泄愤的火焰。或许我可以
把近来日夜不歇的纵火视为
这漫坡荒芜向有自焚之心，如今
它们喊醒了一个心手带火的人

剧场

可想而知，这里也开过无数
胜利的大会，布置过旗帜和徽章
构成的宏大背景，让坐在上面的人
从传统文明中汲取到了中、正、
左、右，单双数排序，座签与职位
紧密的社会关系排列规则与禁忌

舞台几乎占去剧场一半空间
部署、宣读、传达、领会、演出……
这些词语将各自的柄伸到台上来
听和观的人们将自己的眼睛递上来
极少的人侃侃而谈
极多之人闷头接受
是世界上最为和谐相对对立状态

在舞台中央站一阵，我察觉到台下的
人在缓慢地变成小于他本身的事物
而我则由内向外地清晰膨大起来
令我懊恼的，是居然没有任何
旷野上的事物到台下鼓掌和鞠躬
这让我起了毁坏的念头，我觉得

不应该允许一棵树一株草一朵花
活得那么散漫，它们应该整齐、有礼貌
不奢求我意志之外的自由。它们应该
坐到台下来，低声说话，认真做笔记
这样它们再回到土地上

势必能成长为有用的事物
令我最为反对的，就是那个叫我下台的人
他叫我下来，无非是想
要我腾出位置给他

秘密

对他来说最难实现的
是在纤细的电线上行走
因他缺少一根照亮
悬空的黑暗线路同时，使他
肥胖身躯变轻的手电

这不是最关键的
关键在于他知道得太多
他知道翅膀能引诱翅膀
自由能变成牢房

他想把楼坝街两根电桩间的
12 根线上，共计
367 只燕子的双爪
全部用细铁丝绑在电线上

每次他在这两根电线下
仰头徘徊时，我就盯着
他的后脑勺，这些秘密
全是从那儿漏出来的

雷月映河

夏日夜晚，在大河上空
同时出现了两种景象
此岸雷声轰隆，闪电从层云中央
向四周吐出分叉耀眼的舌头
彼岸月光明媚，圆月冉冉升起
为大地笼罩一层柔软的睡意
我一直知道天空，是
一台巨大的摄像机
但我没想到它会把摄下的人间
剪辑成这个分庭抗礼
又毗邻而居的样子
我甚至看到大河中淌走的弹幕
是："雷暴黑脸，明月照心！"

李庄一夜

言谈，已被风吹散
在夜色中长江泛出白光
唯有对岸灯火不知疲倦
我们身在此岸
渐渐在长江无声中流淌
忘记了一条大河的存在
人们在睡梦中借助梦幻
漂浮于李庄上空。每天
都有人在失望中重新回到生活
我们短暂相逢时
像渡河历险而来

更加无畏，充满勇气
也想，得到凡·高的向日葵
为此坚持感冒、吃药、贴膏药
睡觉前洗去身上油腻的凡俗生活
久别重逢时也深夜畅谈
相信平凡皆伟大
就如我们坐在长江边
将教科书里的长江放在面前
发现它不过停泊平常的船只
无所谓两岸，不在乎波涛

江水辞

江水过竹林
竹林垂身抚侧岸
江水不曾停

江水过榕树
榕树投影致江心
江水不曾停

江水过集镇
集镇美人水为镜
江水不曾停

抛群山弃大地
世上有无法完成的美
日夜不息奔向这种美
使它呈现本身的美

冬日回乡

仿佛一切都回到了源头
溪流尚未抵达江河
还细弱，有潺潺之声
还是最初的它，还不懂
众多溪流聚集后，就要变得沉默

太阳还是选择从那个垭口升起
首先照进卧室，而你因此醒来
阳光洁净，这里没有那么多凡尘
房前树木已然高长，枝叶上
挂着它从根部土壤中汲得的露水
房子里所有动静是清晰的
这里的动静都是亲人的动静

在这里，一切都变得容易
记忆中显现的面孔并不虚无
你在窗口站着，那脸的主人
不久就会经过。当长久的宁静
让你焦虑世界是不是放弃了你时
母亲在楼下叫你一声乳名
你张张耳便平息了这惊慌

所有人在一张饭桌上集合
饭后大家又被前程冲散
像溪流流出山峦
与其他流水一起汇为江河

组成沸腾沉默的巨大身躯
而故乡最终，成了离别时
向你不断挥动手臂的人

烈日

你等什么？人们丢下的废弃品？
你哭什么？你抹泪的时候
嗅到自己手上的酸辛了么？
从清晨到下午，马褂的橙色那么深
为了生活哭泣，再劝自己坚持下去
一个站着站着就红了眼的人
一个沉默着沉默着就掉泪的人
一个抬头四处搜寻垃圾的清洁工
她在三岔街口站着立
她是不是只是看着三条街道的整洁
就伤起了心

苦涩

比如说出体内苦涩的青海湖
比如我们总是与风景隔一道栅栏
比如别人的生活，就是一种远方
一条公路，会给我们什么样的目的地
如果结局是人间，那我们现在就在此处
我们的肉身寸步难行，我们的灵魂左摇右摆
风吹散山峦的裙摆
没人能读取我们的灵魂
像打开硬盘那么简单

比喻

这可能是我母亲一生
最精彩的比喻，我给她打电话
她说她在田埂上扯草
说站在田埂上在跟我通话时
一手叉腰一拿着电话
大声和我说话那架势，像个
视察生产的村干部

湿地

我能映出天空每个表情
天有多蓝我就有多深邃
没有风暴，我平静而富于忧伤
种植鱼群，放牧芦苇
迁徙的鸟群视我为驿站
我是它们的路途
它们踏着我向温暖的南方飞
我从未识字，是文盲
我是一片湿地
我是沉默失语的泥潭
当伊人芦苇中起舞
整个我，全部是柔软的心

攀枝花

在春天落叶，露出主干上的刺
露出数倍于其他树木的孤傲

主干上的刺是形式主义的防线
在内部，它告诫自己
做一棵树，要做到不成材
或者做众树之中的嵇康和阮籍
有时，暴风雨带来狂欢
有时，狂欢犹如暴风雨
在春天，它抛花脱叶
赤身裸体在明月下开花

在威信万仙观听晚钟

香炉里燃着我点的两支烟
老尼姑允许我站在深黑的大钟这
钟声穿透胸膛，我忘记了自己
不是金属的，我以为我也响起来了
那是我第一次知道，人也能被敲响

鸟

将几条抛出自己的线条
在脑海中演算了多次，你看它
脑袋歪来歪去，摆弄里面的方程式
它小小精细的身体能生产绝妙的音乐
它有时展翅，飞到“二月春风似剪刀”
它有时高歌，便作“两只黄鹂鸣翠柳”
它有时低垂眼睑从天空卸下翅膀
默不作声夜宿池边树，等一个和尚
敲敲寺庙的大门，又等另一个和尚
吱呀一声推开寺庙的侧门

问路

下车向枯坐竹林下的老妇人问路
我才发现她的耳朵弃废已久
向她问路，却着迷于她茫然的摇头
着迷于她身旁新草破土
着迷于她皱纹深处的歉意
着迷于她不能用话音给出的回答
顺着她视线，我看到花朵急于盛放
白云移动，光阴没有退路
见我久立，她伸手指天指地
指东指西又指我。而后推我离开
她要我从四面八方追赶自己

梦后记

他牵着一匹驮教义的白色老马
对他的贩卖，我保持戒备
沉默不语的固执令他失望
他反复向白马，向
一头牲口求证我是愚蠢的
在梦中我依然怀疑
一切企图购销灵魂的买卖
在梦中我悄悄关闭配枪的保险
不愿梦中开枪惊动睡在身旁的人
我上前打翻他和他的教义，随后
在手伸向马上的口袋时，迅速醒来
因为我怕从他信仰的口袋里

掏出信誓旦旦的虚妄

山上的现场

这里的植物毫无规则
反倒因自由杂乱而显得富有生命力
荒草萋萋弥散出鲜活的香气

云朵游回岩石，清泉倒进老松
人们小心翼翼越过杂草

仿佛百草枯和喝百草枯的人
才是这里最后的主人
夕阳紧随人群散去，天空陷进繁星

无树之山

太高了，大山包只有低矮的灌木
无树之山，还能干什么
长草给牛羊吃，接住空中落下的
房屋一样巨大的石头来
给一条细弱野河制造跌宕
无树之山，摆悬崖立千仞
我们穿过窄路
看到绝顶亦是世界的堤坝
它背后蓄满了雨雾和狂风

彭飞 《结构》局部 水彩画 74cm×54cm 2018 年

欣悦的灵魂：来自诗歌内部的对话

——谈一行的诗

// 臧棣

臧棣，1964年4月生在北京。1997年7月获北京大学文学博士学位。现任教于北京大学中文系，北京大学中国诗歌研究院研究员。代表性诗集有《燕园纪事》（1998）、《宇宙是扁的》（2008）、《空城计》（2009）、《未名湖》（2010）、《慧根丛书》（2011）、《小挽歌丛书》（2012）、《骑手和豆浆》（2015）、《必要的天使》（2015）、《就地神游》（2016）、《最简单的人类动作入门》（2017）等。曾获《南方文坛》杂志“2005年度批评家奖”、“中国当代十大杰出青年诗人”（2005）、“1979—2005中国十大先锋诗人”（2006）、“中国十大新锐诗歌批评家”（2007）、《星星》2015年度诗歌奖、扬子江诗学奖（2017）。2015年5月应邀参加德国柏林诗歌节。2015年11月应邀参加墨西哥国际诗歌节。2016年参加德国不来梅诗歌节。2017年5月应邀参加荷兰鹿特丹国际诗歌节。2017年10月应邀参加美国普林斯顿诗歌节。

从诗人形象说，一行的写作姿态更接近一个隐于繁华都市的文士：他的诗歌语调非常安静而亲和，甚至由于显得太亲切，而充满一种罕见的交流的魅力。作为诗的读者，一旦我们接触到一行布下的诗歌的语阵，多半会不知不觉地被这种语言的魅力卷进更深的诗性心智的内部。作为诗人，他为自己设定的语言立场，也接近一个隐者的态度：无论是对现实的观察，对生活的体察，还是对自然万物的细察，一行基本上都坚持从旁观者的角度去把握诗的对象。相对于诗人先知更喜欢登上的万众瞩目的制高点，他更倾向于从平视的方向触及事物的核心；相对于狂飙突进的挥斥方遒的宣叙姿态，他更喜欢从同情的角度体会人和世界的共处关系。但如果仅仅根据修辞的安静来判定诗人的类型，以为一行是一位不太在意现实关怀的诗人，我们就会误解诗人的任务。从诗人的战士的角度看，一行依然是一位典型意义上的充满自我争辩色彩的诗人。事实上，他也的确写过一首诗，题目鲜明得就像一纸亢奋的檄文：《反对隐士之诗》。这首诗的开篇就富有针对性，它是对我们的诗教传统中的"菊花情结"的一份尖锐的诊断：对用汉语写诗的人来说，来自菊花的诱惑，来自山水的召唤，来自"小小的自然"的慰藉，几乎是难以抗拒的。但诗人的态度是，作为生活在当代的人，假如我们认定诗依然有可能出于一种心灵的诚实，那么，"诚实的诗人，请从隐士般的幻想中出离"，"进入这混乱、卑污却生机勃勃的世界"。这首诗，可以被视为理解作为诗人的一行的一把钥匙。在汉语的诗性表达中，从古到今，我们一直强调"修辞立其诚"。这里，作为诗人的一行，实际上对自己提出了更高的要求：他要求当代诗的诚实必须建立在重塑新的现实感之上。至少，他自己是这么践约的。即使是在像《听山》《在细雨中》这样看似吟咏自然的诗歌中，对现实的精敏的洞察，依然构筑了一种深远的文学背景。

要求诗必须退出从隐者的文化诱惑中，这就意味着必须给予诗人的观察一个新的位置。从现有的已发表的诗作来看，一行是一位更专注于如何"进入"的诗人：进入事物的内部，进入情感的内部，进入生活的内部，进入世界的内部。所以，对诗人一行而言，决意退出新诗传统中的"广场情结"，不意味着诗人对现实的退出，也不意味着对生活的退出，更不意味着诗人对世界的回避，而是意味着当代的诗人已获得一种更精湛的文学能力：从生存的内部旁观世界的秘密。是的，在我看来，从内部旁观世界，是作为诗人的一行为当代诗歌贡献出的一份珍贵的礼物。像《鸡鸣》《深暗》这样的书写童年或往事的诗，诗人不只是从回忆的角度，从外部的视点来再现过去的场景，诗人发出的声音更像是一个从未离开过那些生活的现场的人；而以往的书写此类诗歌的抒情模式里，我们见识到的更多的是一种从外部返回故土的游子的追怀。所以，一行的表现方式更接近一种文学的发明：不要轻率地假定我们曾经离开自己的根基，然后基于生活的某种暧昧的原因，在人生的某个轻飘的时刻，以审视者或忏悔者的身份，试图重新返回过去。一个更容易被遮蔽的真相很可能就是：对于真正的情感深厚的人，我们可能从未离开过与自己的童年记忆烙印在一起的生活场景；或许，作为成熟的见证者，我们的人生阅历有了不同以往的拓展，我们的生活智识有了更丰富的积累，但在生命精神的氛围里，我们的成长不是线性的，不是一个点到另一个点，而是以某个特殊的人类记忆为原点不断向四周扩散。这样，从诚实和生活的关联的角度看，我们对往昔的生活采取的诚实的态度，主要不是来自我们从外部返回过去的能力，而是来自我们是否获得了能承担得起那种不断向外扩展，又从未远离生活之源的不断自我丰富的能力。

在如何区分散文和诗的关系时，叶芝曾说过一句富有启示的话：诗就是和自我争辩。当代诗歌的一个很大的误区就是，很多诗人只想着和现实争辩，从未想着站在一个臆想的甚至伪造的道德制高点，去审判时代，去清算历史。诸如：卑鄙是卑鄙者的通行证，高尚是高尚者的墓志铭。假如诗人的任务仅仅是对复杂的人生进行道德审判，那么，诗的力量必然被这种自摸的道德幻觉所腐败。诗的表达，也必然流于另一种更暧昧的口号式的空洞的叫嚣。惠特曼曾给出过一种卓越的示范：诗是自我之歌。诗是对世界的肯定，诗是对人生万象的接纳。诗要呈现对生命感受的忠实，诗人就必须要学会和自我对话。从这个角度去理解一行的修辞策略，我们便可以意识到，一行的诗歌风格的确立，不仅仅是基于他自身的文学性格上的自然趋向，很可能更基于他的更为自觉的审美选择。首先，学会和自己对话，然后，在特殊的场合下，将这种自我对话锤炼成一种诗的自我争辩。这样的方式，也可以理解为一种独特的诗歌技艺。也就是说，为了葆有每一首诗的内容上的分量，诗人的自我争辩更多负责处理诗的主题的复杂性；为了显现每一首诗的风格上的魅力，诗的说服力又必须将这自我争辩在诗的语调上还原为一种细致而亲切的交谈。诗中的交谈，对当代诗的文化而言，一直是一个充满可疑色彩的表达类型。当代诗人大多不喜欢交谈，更不善于展开灵魂的对话。但是，我们不该忘记，早在上世纪40年代，对新诗的发展怀有好奇的沈从文就曾说过，新诗的未来可能就在于新诗是否有能力开辟出诗的谈话风格。沈从文在西南联大的同行，诗人批评家朱自清也说过，新诗应该会话化。从文学观念的渊源上讲，T.S. 艾略特也明确指出：现代诗在语言策略方面必须以会话节奏为主。他甚至说过，诗就是来自客厅的谈话。佛罗斯特显示的一种高超的技艺，也显示出诗对谈话节奏的不断锤炼。在这方面，一行的诗也可以说达到了相当的艺术水准。甚至一行对诗的素材和主题的处理方式，也首先是把诗人要表达的东西放置到一种谈话节奏中去锻造。一行的表达基于语言的亲切，语言的善意，哪怕是处理尖锐的主题，诗人强大的心智力量也总能将愤怒的情绪平衡在语言的克制之中。

2018 年 11 月 24 日

听山

// 一行

一行，诗人，批评家，哲学学者。本名王凌云，1979年生于江西湖口。现居昆明，任云南大学哲学系副教授。已出版哲学著作《来自共属的经验》(2017)，诗集《黑眸转动》(2017)和诗学著作《论诗教》(2010)、《词的伦理》(2007)，译著有汉娜·阿伦特《黑暗时代的人们》(2006)等，并曾在各种期刊发表哲学、诗学论文和诗歌若干。

新母语

有时，我会站在树林里
向风学习说话。
学习轻轻吹拂的词。
有时，一个声音说：
你不能再像从前那样
说出你所认为的真理。
在一棵枯树面前，风有时
会告诉我：你可以说“树”，
可以说“爱这棵树”，但不能说
树已经枯死。

因果

十岁那年，爬一棵枣树时，
一只斑斓、带毒刺的毛虫
掉到了左手手背。
我用右手，一巴掌拍死了它，
却拍不死它带来的灼痛。
多年来，手背的皮肤
常常起泡：那只死掉的毛虫
继续以幽灵的形式，粘在手上。
有些梦里它会啃树叶一样
蚕食我的手掌。
我知道，只有等到它
在梦中长大、结茧，化成蝴蝶飞去，
那痛苦才会消亡。

低语

她从出神中回转，微闭的眼
再次睁开。她听到他在耳边低语。
他说：亲爱的，你听见风声了吗？
那种很轻微的、吹不响树叶的声音？
而她此前沉浸于对悲伤的冥想，
母亲去世时，灰色天穹的空旷。
她的耳朵似已关闭，更不用说
能听到他，或他所说的风的低语。
那时，她更像是一颗星
在天上巡游，心脏跳动着一种闪烁。
她感到孤独比爱更属于她，却常常
被幻想覆盖，被期待和渴望欺骗。
不知为何，她对他的信赖在这一瞬间
失去了，连同对他的语气的信赖。
他的低语失去了往日的磁性
和性感，这让她突然感到痛苦。
也许，像树叶那样柔软、动听的声音，
永不会再次，从他的声带里出现，
永不会在她被失望充满的心中
成形。他仍在她耳边说着什么，
而她一无所闻。她开始倾听那轻微的、
吹不响树叶的声音，并迅速将他的低语遗忘。

旧照片

面容的光如此清晰，晕染在这些
黑白或彩色照片上。他记得

并能叫出名字的已经很少
并越来越少。这些都是他
过去的朋友，他已失去的朋友。
一些人已经去世，另一些已疏远
或相互不再认识。他遗忘了其中一部分，
另一部分像退潮时留在沙滩上的
鱼蟹，正在挣扎着爬向遗忘之海。
他们曾彻夜长谈，如今却无话可说，
仿佛那些夜晚的黑暗终于吞没了
由交谈点燃的烛火。如今，每个人
都建立起自己的交友圈，自己的星系，
朝不同的方向旋转着离去。
这些照片，莫非是一些混沌中的、
星体尚未成形的星云？每一张脸
都贴紧另一张脸，带着喜悦和信赖。
他想到宇宙间每一颗星都诞生于
相互吸引的友爱，被最初的光包裹，
在时间的黑暗中移动得越来越远。

反对隐士之诗

早上，我读到的诗中……有菊花、飞鸟与群山。
菊花在院子里开放，诗人走向这被花托托起的
小小的自然：“一只返回山中的飞鸟，正窥见
我在篱旁细嗅菊花。”阅读时，我仿佛变成了
这只飞鸟，看着一位隐士漫步在诗行间，
沉醉于芳香的世界……但我并不想
返回山中，尽管此刻，我就住在山边。
我活在城市里，即使是这远离市区的城郊——

或许，我也活得像一位隐士：离群索居，每天在书斋
阅读、沉思、写作，闲暇时可以赏花、浇水
或眺望群山，偶尔也会走进那片野蜂飞舞的树林……
但我知道，我全部的生活、思想都与城市相连，一刻
也不能分离，如同飞鸟在远离山林的地方
从未真正与山林分离。我每日需要的食物、供水、电力，
我身边的器物与家具，都由不同的路线和管道
从城市运来，抵达我身边。这些都是
今天的支撑物……在古代，那些素雅、悠远、
逸致或闲情，有赖于奴隶、仆人和女人
承担了绝大部分的劳作。卑微的汗水
在毛孔中变黑，如贵族笔下每一个字耗费的墨。
谁在为我们今天的生活付出，像花托那样
托起我们如菊般秀丽、美好的诗篇？
当我们阅读古人的绢帛、书简，
谁在为我们种田、买菜、做饭？
我们的衣服，在洗衣机里缓慢旋动；排泄物
在抽水马桶的轰鸣中进入城市下水道的流转；
而我们却想象着自己仍是古代的贵族，
徜徉在菊花与明月之间，与飞鸟、群山做伴。
隐士们活在洁净的诗里，厌恶汽车与手机，
他们的诗篇仍要通过电脑上传到网络，进入
扫描、打字、印刷的程序，抵达读者眼前。
噢，诚实的诗人！请从隐士般的幻想中出离，
进入这混乱、卑污却生机勃勃的世界！
我知道，这样的呼喊已无法被他们听到——
许多人在菊花般旋转的 CD 唱片播放的琴曲中
一边读着《诗经》或荷马，一边用毛笔写字，全然不顾
这轻飘、虚浮的宣纸，用一根手指就可以戳破。

听山

我们在山路上走着。山的另一侧，
隔着大片深绿，似乎有说话声
传来，被风吹散成蜉蝣般的词语。
一些闪亮的蛛丝在林子里穿行，
绕过布满虫洞、窸窣作响的树叶，
飘到我们脸上。树枝相互摩擦，
让我想起做爱时的场景——毛孔
比耳朵更大地张开，从头顶到脚趾。
我们听着万籁，和万籁深处的寂静，
就好像恋人彼此倾听着心跳。
一些声响，有坠落的苹果形状；
另一些，则像剖开苹果的刀刃。
沙沙的风声吹动着沙子，汩汩的
流水在鹅卵石上拍打自己小小的鼓。
如果听得仔细，还可以听到
夜枭发出的咕叽声，似乎还在梦中磨喙。
更响亮的啄木鸟，啄着死者开裂的头骨。
而更多的鸣叫，如绿色波纹
从一根声带开始，引导着整片树林的光线
同步发出颤动。飘落的叶子
舔了一下地面，又因苦涩而放弃。
在山的众多声音里，我们的脚步
是最浑浊、沉闷的那种，却仍在
向声音之海的汇合中净化、清澈。
你说，我们是孤独的，因为看不到
这条路上还有别的行人。也许如此。

但还有别人在这座山中，能听到
我们之间的谈话，虽然并不知道
我们隐匿于哪一条路上。
这空山，它的形状是一个
奇异的、有着众多虫洞的空间，
我们彼此听见，却无法看到对方。
只有相同的松林，在山顶
像一座青色冠冕；相同的虹彩
架在雨后的山谷上方，
像横亘于前、无人弹奏的七弦琴。

红砖楼

今天我只想念
红砖楼的颜色。——铁锈一样的颜色，
寒凉、深暗，构成了
我童年生活的主色调。
在它花生皮般的包裹中，
我们营养不良，像蔫掉的仁儿
往阴影里成长。
楼道永远是潮湿的，台阶
散发着苦醋似的气味，
像是花生内部的黄曲霉变，
从外面是嗅不到的。
老鼠从四楼逃到一楼，被孩子们
追打，尖叫着跳起，血溅到
剥落了白石灰的内墙砖头上——
而在外部，同样发生着
两种红色的重叠：这幢楼

变冷于幽深的暮光。
每个夜晚，矿上的探照灯
都要照向这里，有时会来回
扫射，像在辨认着什么。
那时我会从屋里跑到阳台上，
向远处江边的光源眺望。
自从那艘装载了二十余人的
运砂船沉没之后，整座砂矿
都被一层无法驱除的黑暗笼罩。
清晨，阳光一点点
将整幢楼的红砖铺满，
却没有带来些微的暖意。
直到我离开那里，那红砖楼的红
仍像凝固的血一样，不肯流动。

π

少年时的许多事件和知识
我现在还记得。比如古都名称，古诗中的
桃花、柳树，元素周期表，还有 π 的数值……
那个冬日午后，在低矮、将要倒塌的
黑教室里，戴眼镜的男老师
审讯官一样，将我们逐一盘问。
我们仿佛掉光了叶子的树，一些
骄傲地挺直，另一些瑟瑟发抖。
无论是骄傲的还是发抖的，都不明白
为什么我们必须记住它并且要精确到
小数点后第二十五位。难道它是一种
神秘的咒语，能呼风唤雨；而教室

其实是一间祭坛，我们是其上供奉的祭品？
从那时起，我们暗自仇恨着这个符号，
连同完全不明觉厉的割圆术。被戒尺
修理过的同桌对我说，这符号像是一个人
被一把刀割去了圆圆的头颅……冬日的午后
让人昏倦，知识像呼啸的风一样
擦伤了我们，又让我们的灵魂在习惯中
结痂。现在回想，我们还比不上那些树木：
我们的冬天更加漫长，而夏天短暂，
尚未开始便已结束；我们的秋天
只有落叶，却从未结果，也永不会结果。
那些知识，本应是从我们内部被春天
引出的嫩叶和花朵，本应是对种子中
包孕世界的回忆；而在那个午后或任何
一个午后，它却是令我们干枯、脱水的强风。
比风更强大的记诵术，如一把锯子
将我们稚拙的、只有几圈年轮的灵魂
割开。从此，这无限不循环的数
在我们的记忆中反复出现，一如当年同学
发明的歌谣："山巅一寺一壶酒……"
而这个符号中既没有山，也没有寺庙和酒，
只有一些被困于冬天的儿童。他们中的某些
再也无法从那间黑教室里走出。
……我还记得，那天屋外有鸟在鸣叫。
一首不明其义的歌，怎样进入鸟的身体
或灵魂？它当时叫得如此凄厉，像一把刀
切断了我们对数字的记忆。那刀锋
直直地向上方延伸，仿佛要切开
这压抑的、封闭如圆周的天空，

永远、永远不要被再次包裹。

欲念

他想象着她的裸体，虽然他从未
看到或偷窥过。真理带来幻象，正如爱
催生着情欲，他如此想着。他将目光
移到面容之下，一瞬间，她的裸体
如真理一样显现，却又立即暴露为幻象。
是的，这并非是她的裸体，因为
他用其他人的裸体，亲眼看到的
和图片、影像中的，覆盖了她
除面容以外的所有部位。这覆盖
贬低了她，将她的独一性
替换为众多他人的拼接与组合。
他像是用其他的裸体
给她的真身穿了一层外衣。
于是他又逐一拿掉了这些，
拿掉了各种来源的颈、腰、肩、臀，
日本的背，欧美的胸，和古典的肚脐。
她的身体被清零，恢复到
无之中，除了面容仍在闪烁和跳动。
真理在想象之外，他终于确信。
而从未显现的，让人的心
跳动得最快，但却不能是
永不显现。
她仍然在神秘中，像黑暗
被一团火包裹。——这火就是他的情欲
和由此而来的欲念。此刻，他研究着

自己的想象：爱是什么？情欲是什么？
在想象恋人的身体时，究竟发生了什么？
他想象着她的裸体，不带任何一丝欲念。

课程的中断

他突然停住，像自来水无预兆地
中断。写字的手石化，粉笔
在黑板上只勾出字的偏旁。
话说到一半就掐灭了，后面一半
化作一股青烟被吸进鼻孔。
他不知该如何说下去，因为一阵冷风
攫住了他，使他置身于荒谬的悲凉。
他觉得自己像个小丑，又疯狂，又绝望。
在黑板前呆站着，想到自己的一生
就面对着这样一些学生，他们的身体中
没有火焰，也无法被任何火焰点燃。
他们比木头还麻木。比老头还衰老。
比厌倦本身还要厌倦。
他们从不提问，直接否定了
他正在讲授的观点："人是能发问的存在。"
在这间教室，他看到的是倒置的演化史：
从人类退却，变成一群听着琴声的牛；
然后又变成一些蜥蜴，低着头，盯着手机上
昆虫般的字；还有睁着眼睡觉的鱼，
正迅速蜕掉血肉，变成藻类或苔藓。
他问自己，为什么会在这舞台似的讲台前
作为无人理睬的演员，朗诵着台词？
为什么要突然中断演出，去反问自己

为什么要突然中断？
……这中断持续了一分钟，在这一分钟里
他的魂飘到这些学生的内部，替他们
过完了他们的一生：就像一场
高速快进的植物电影，萌芽，长出叶子，
然后枯黄、衰败，在一分钟的时间里完成。
但没有人注意到他的中断
或对这一中断产生任何可见的反应。
他突然开始怜悯，怜悯这些从未
有过青春的青年。他觉得自己置身于荒野，
到处是枯败的杂草，而他一直在向杂草或空无
发表演说。想到杂草和树木、流水、花朵类似，
都不会对他有任何反应，他的心获得了平静。
他将中断的课程继续。现在，他对着学生们
大声说话，仿佛正对着树木、流水和花朵抒情。

鸡鸣

我年幼时，清晨睡梦中
总迷迷糊糊地听到公鸡
扯着尖嗓子啼叫。那声音
像在呼唤某个人的名字
（外婆说，它是在催促“齐哥哥”
起床干活），又像是用薄刃
削去夜的表皮，露出村庄晶莹的部分。
听到公鸡啼叫后，我才能
继续睡去，安然做我的晨梦。
仿佛只要它照常啼叫，世界
就是稳靠的，太阳也会一如既往地

从渊深的无梦之地升起。
鸡鸣以一种让人很安心的方式，
用高亢入云的声调宣告着
秩序的存在。即使是下雨天，
它也照样嘹亮，像太初的命名行动
将世界叫唤得清新。
帘外的雨声继续编织着
流水潺潺的好梦，公鸡的细嗓
在烟雾和树叶声的包裹中
如白炽灯丝般闪烁。
我握着两腿间的幼鸟，可能正梦见
自己握着大公鸡那可爱的红冠……
某天清晨，我从梦中惊醒，在黑暗中
等了许久，那只公鸡一直没叫。
我才意识到，前天它已经被人宰杀了。
在那一刻，几乎是突然而又永远地，我感到
世界并不亲切：一种
昏沉而恐怖的寂静将它占据。
我再也无法睡去，只能强忍着困倦
看着外面的天色——被暗黑笼罩，
还带着些许猩红，像是砍头后
从鸡脖子里喷出的黏稠的血。
它在我眼中缓慢地流干，变成血尽后
皮肤的惨白……从此，不只在早上，
而且在夜里也开始失眠。很多年过去了，
我再没听过鸡鸣。而早间的梦
几乎都是噩梦：对我来说，没有什么
比清晨的寂静更压抑，更让我憎恨。

深暗

我在火盆边起身、退去，从这个
被火聚拢的圆圈中撤出。
——这个圈，由男人围成：三位爷爷
各占据火盆一侧，构成一个
等边三角形；紧挨着他们，
父亲和叔伯们分布在
三角形外接的圆周上；
我坐在父亲旁边，屁股下面的
小板凳是孙辈里唯一的座位。
当时是中午，但天已经黑了。
深暗老宅里，唯一明亮的空间
由大堂中央的这团火廓出。

我起身离开这个圈是因为木炭
不够了，父亲叫我去阁楼拿。
离圆心越远，就越感到寒冷。
这时我才发觉那团火被我们
包围得太过严实，不让
任何一丝温暖泄露——除了
允许一只黑猫在脚边打哈欠。
有时，它会跳到膝盖上，
用烘热的爪子挠人。

走向厢房，耳边仍然萦绕着
那些只约略懂得的话题——
某家嫁女，得了多少彩礼；前年
丧夫的寡妇如何被捉奸在床……

大人们的脸颊，因炽热谈兴
和炭火的映照而通红，浑然不觉
此时的寒冷正河水一样
在宅子各处来回动荡。

厢房门打开，凛冽的寒气
让我一阵窒息。我发现
奶奶、姑姑和堂姐妹们蜷缩在
角落或棉被中，哆嗦着，却不能
向大堂、向火盆走近。
深暗搓着她们生冻疮的手，
呵着几乎立刻凝结成霜的水汽。
爬楼梯时，最小的妹妹还叫我
小心，别摔着了——她的脸想必
冻得通红，如我此时的羞愧。

我迟迟没有从阁楼下来，
一直听着瓦片被雪击打。
那天，雪下得很大。
但在下雪之前，这间老宅
早已如此寒冷。也许从来就如此寒冷。
我从高处瞥了一眼大堂中
那团燃烧的炭火，那个牢不可破的圆圈，
以及那个空出的、我不愿再返回的位置。
我想到一个可能没有人
问过的问题——和猫有关的问题。
圆圈中心，一只铁挂钩，像一个倒置的问号
悬停在炭火尖上。

长风无息时

我听过海涛声，知道它
源自风的搅动。
不是海面的狂风，也不是
高空之上，闪电一样劈落的罡风。
它从海底刮起，在沉重如山的
水压中，开始第一次翻身、旋转，
像一颗螺钉，正松开
那深深嵌入黑暗的
第一圈螺纹。
随后，它向四面八方扩散，
成为洋流和漩涡——
这海中的、液体形态的风暴，
所有生物都被它席卷、包裹，
像无数词语，被一股
想要成为诗的冲动包裹。
每天，我都听到它呼啸、吞吐、
摔打门窗的声音，像是一枚贝类
在海滩上倾听着万物的潮水。
大海平息时，
两片小小的壳张开，
听着海深处的静默，
那不是风眼，而是
风的耳朵之中的静默。
——贝壳就是这风的耳朵，
恰如此刻，我是另外一只耳朵。
起风时，风把一些词
吹到我里面，又从唇齿间吹出；

无风的时候，风就用大海般
深邃的“无”吹我。

梅葬

外公是在冬天去世的。
在睡梦中。
突然到来的脑溢血
像开在头颅深处的梅花。

我记得，他常在雪天
去田里捉冬眠的鳝鱼。
清晨，当风雪
把木门推开，
就能看到他背着
竹编的黄鳝笼，归来。
打开时，那柔软、密集又攒动
的景象，满眼都是惊喜。

葬礼那天，雪很大。
我没和送葬队一起进山，
一个人待在屋里。
屋外，大雪撒着白色的纸钱。
梅花开了。
梅花的葬礼也就开始了。

灶台边

我走进黑色的、烟熏味的厨房，看到自己

像只蛤蟆趴在地面，正与小乌龟一起玩耍。
一旁，被我打破的瓦罐，还在咕咕漏水。

牛肉的腥香从大铁锅中飘出。柴火像牛舌
舔着泛白霜的锅底。我舔着龟甲般干裂的唇
从地面爬起，想到有三天没吃东西了。

而此时，奶奶正从屋外鸡笼里钻出。手中
捧着两个刚下的鸡蛋。她眼神不好，
只能轻轻呼唤："伢内，有鸭鸭吃了——"

我正要回答，却想起她多年前已经去世。
鸡蛋在她手心里如此温热、透明。灶台上，
黑煤油灯点亮，映照出奶奶深陷的眼眶。

摘菜记

系好裤带，我听到妈妈
在菜园里叫我。从露天厕所
出来，沿细如薯茎的小路
走下校舍后的斜坡。菜园的栅栏
用竹条和木棍支起，可以看到
缠绕其上的紫扁豆花在招引蝴蝶。
更紫的牵牛花，和我推木门而入时
迎上来的茄子花在比赛唢呐。
妈妈站在一株向日葵旁，将锄头放下
（有蚯蚓在锄尖扭动），向我指了指
最右边那畦长了三周的小白菜。
（我记得，和妈妈一起播种时

这畦地里曾挖出一枚通宝，道光年间的。）
我明白，它们将成为今天的晚餐。
穿过茄株和红薯丛，被辣椒的
红锥子扎了几下，才来到右边，
转身时菜却移到了左边。菜叶上
有些虫咬的齿痕和孔洞，却仍然鲜嫩，
在皓腕般的茎上绿如清漪。它们的姿态
像一些小手，重叠、微曲地伸着，
向内裹紧彼此，抗拒着伤害。
下午潮气上涌，在菜叶边缘
凝成一些细密的露，沾在指头上。
我不忍心将它们连根拔起，转头问妈妈
可不可以只是摘掉它们的叶子。
妈妈的回答我现在已经忘了，只记得
晚上我们最终没有吃这些白菜。
或许我摘了另外的菜来替代它们，
又或许我为它们挨了一顿骂。但我清楚
在那个菜园、那个下午，我把手
搭在那些小小的腕上，摸到了它们的脉搏。

秋日，与小毅登万溪冲后山

我们停止了攀登，将目光投向
前方深青色的松林。狭长小路
像一根老藤在山坡蔓延，朝向高处
混蒙的天空。群峰相互映照，
增加着山谷的深度；而前晚下过的雨
透过草木的呼吸，使空气有了清凉鼻息。
我们坐下，在这离山顶只隔一片松林

的地方，喘息因海拔而变得粗重。
从高处往下，可以看到梨树林中
有农民在烧粪肥，灰如虫云的烟雾
在发酵出酒味的梨和梨枝间萦绕、
徘徊，始终不肯往上飘升。
几个骑电动车的青年在山脚急驰，
奔向不远处闪亮如玉珮的水库。
我们肩挨着肩坐在草坡，望着
这座积木搭起的城市，望着那些
熟悉的楼群、街道，那些昆虫般
来回窜动的汽车，一阵晕眩。
你谈起成都，谈起埋葬父亲和母亲的
白塔湖墓园，从山顶可以眺望湖泊、河流
通过琴弦般细长的公路与城市相连。
那些将过去与现在相连的道路在哪里？
死者与生者相连的道路，又在哪里？
那些水田旁发呆的日子，那些早已拆迁
却仍存于记忆中的楼层，如同少年时
玩跳房子游戏所面对的白色方格，
重又清晰映现。汹涌而来的往昔
压迫着呼吸，而我们无法在人生的中途休息。
这暂时的安宁，只是生活给出的片刻飞地，
犹如在拥堵公路上并不熄火的停车。
夕光落在我们身上，和我讲的笑话一起
将你从阴郁云层的笼罩下挪出。
几只米线瓜垂挂在悬崖，腹黑的种子
深埋在圆乎乎的滑稽体型内。
远处，山顶的松树与云互通有无，
从天空汲取着使深青更深的幺色。

你把头倚在我肩上，像一只困倦的兔子
在黄昏时耷拉着耳朵睡去。侧过脸，
我听到你的呼吸平稳、深长，与草木同步。

慢跑

慢跑时，天空密云不雨。
儿子跟在后面，喷着
蜻蜓振翅般微微鼻息。
这个午后，我们在花园里
绕圈，身体与风摩娑、亲密。
“每一个细胞都在缓慢燃烧，
每一个毛孔，都在呼吸
从天而降的细缕云气。”
向儿子形容此刻的感受，
儿子却说出另一番道理：
“奔跑时，身体先是膨胀
然后收缩，一张一合如同
深海的水母。”“你的皮肤
也像水母一样透明？”“透明的
是我此刻的大脑，它一片空白
并将身体完全包裹，如同琥珀。”
“你这是缺氧了，需要深呼吸。”
“不，我觉得在这种空白中
非常好，就像是在醒着睡觉。”
“你能坚持跑多少米？五百
还是一千？”“你能跑多远，我就能
跑多远。不，我比你跑得更远。”
儿子紧跟着我的脚步，细瘦胳膊

挥舞如蜻蜓轻盈的前肢，仿佛随时
可以飞翔。我再次放慢了速度，
侧身留出可供超车的弯道。
在他越过我的瞬间，我看到
他兴奋的眉毛像多出的复眼。
而他身后，黑暗的云层
在裂开处变蓝，翅翼般明亮。

雨将至

在一场暴雨落下前，开始写诗。
云在天空疾驰，有时，会与另一朵云
折叠、交合，如两只美短猫互相舔吮。
云朵疾驰，而笔是缓慢的，像一棵移动的树
与地平线摩擦，在风中梳理着浑身毛发。
一只鹰由远及近，甩着雾气一样腾起的
清晨的黑暗，为了让自己更明亮地
在仅剩不多的光中显现。身体里所有的情绪
也在仅剩不多的时间中，像门闸将要关闭前
急速流淌的水一样，从臂膀、桡骨、手的肌腱
和正在与纸搏斗的笔中释放。舌头念念有词，
眼注视着暗下来的天空，如远古时代的祈祷者
在祈望山洪不要冲毁家园，或中世纪的信徒
祈求暴雨将世间的罪洗净。而更多的往昔
在这忽明忽暗的时刻，被一支笔倒出！
往昔是一团漂流的鱼群，被词语那闪耀的桅杆
吸引，在记忆波涛中翻滚、重组，变换着构成。
噢，七岁时的天空，黑亮而积聚恐惧的蜂巢！
十一岁时山顶的雷鸣！十五岁时在爱恋眼睛里

盛开如死亡的深渊般的黑暗！撕裂我整个青春的
二十三岁的闪电！记忆像云朵一样折叠、交合，
搅拌着时间的天空，将不同的时刻
变成幽深可怕的形象。而眼前的图像
却开始清晰：略有湿意的土路上，一群黑山羊
慢悠悠地行进，几只小羊玩耍了一阵，又飞快跟上；
它们身后，是将要屠宰它们的穿黑衣的牧人；
几棵树，在他身后继续着自己的枯死；
废弃起重机停在树边，不再喘气或发出轰鸣；
远山沿起重机长臂的延长线慵懒地伸展。
在所有这一切后面，是正急速跋涉而来的
一场暴雨和它全部的乌云或风的前哨：
我已准备好，用一张沉静如海的纸迎接它们——
我让每个词立起，让每个毛孔都屏住呼吸，为了
在暴雨落下前，写出气流强劲的诗。

公公

今天，我又想起公公。
他面相丑陋，眼眶凹陷，
像两个泥水坑洼在地里。
他挥动锄头时，眼珠
会石头一样凸起，
瞳孔下面的黑暗土层
被深深撬动。
他是奶奶第二任丈夫，
却比爷爷更让我熟悉。
六十岁出头，他得食道癌去世。
临死前一个月，他

还给我看他小腿上
包裹骨头的皮，像一层
随手可以撕下的锅底灰。
他努力地笑着，想要把气
从狭窄的管道里挤出。
在他眼中，我平生第一次看到了
死的阴影，和对阴影的恐惧。

彭飞　《家三》　水彩画　41cm × 31cm　2014 年

李昀璐诗歌印象

// 王士强

王士强，1979年生，山东临沂人，文学博士，主要从事中国当代诗歌研究与评论。天津社会科学院文学研究所副研究员，北京师范大学国际写作中心博士后，中国现代文学馆特邀研究员。

李昀璐很年轻，是90后或者说95后，1995年出生，但她的诗还是写得比较成熟，没有学生腔。她的语言的感觉、语言的质地都很好，有天赋、有才华，无论是在语言方面还是思想方面，她比一般的同龄人都要更成熟一些，这很难得。比如说诗歌里面抒情的问题，她这个年龄段的写作者非常普遍的是写情感性、抒情性的作品，但是李昀璐诗里那种青春期的抒情比较少，或者说，她抒情的方式不一样，不是那种风花雪月、小悲欢、小情绪，不是自恋、自我拔高、自我粉饰的。她是比较大气的，她对人生的理解也比较深入，不是那种小女生的，很偏执、很自我、完全以自我为中心的，她的诗歌有众生，有天地，有尊重，有敬畏，很开阔，这也是值得赞赏的一点。她诗歌语言还是有了一定的个性化特点，语言很现代，她不是公共化、很甜腻、很浅白的抒情，不是那种青春期的写作，这其实是不容易的，很多写作者写了很长时间甚至写了一辈子都还是属于青春期写作的范畴，这个不能说一定不好，但是从纯文学、严肃文学的角度来看，它的缺陷是显而易见的。李昀璐从青春期的写作里面走了出来，在逐渐地形成和找到她的表达方式、话语风格，这都是值得肯定的。

结合作品来看。比如说《明湖之夜》，里面说“夜是从湖底向上走的 / 星光沉在湖底，天上浮起灯光”，很奇特，但是又很真实，有她自己的发现。后面说，“我们并肩走过狭窄的城巷 / 灯一盏盏暗下去，你渐渐亮起来 // 很久没有过这样的夜晚，在人群之外 / 对着一汪明净的水，虚度彼此的夜色”，这里面她写了对外界的一种感受、感觉，是非常安静、纯净的。最后说“什么都是多余的，包括爱你”，这里面实际上有一种对世界、对宇宙的大美的发现和体悟，这里面有没有爱，我觉得是有的，而且是一种大爱。但是她说“爱你”是多余的，我觉得这里面的“爱”是一种执念，它跟环境可能构成一种冲突，她追求的是一种更高的、更自然的爱。再比如《雾笼天街》，是写泰山上的雾，说“走过南天门以后 / 泰山就不见了 // 蓬莱不远，今夜有人骑鲸而来 / 衣袂与远峰同色 // 登临绝顶，揽云烟入怀 / 倾万江之水，化一身雾色”，是很大气、很有想象力的。后面写“我拒绝青石板街兜售的清寒 / 拒绝不了铺天盖地的月光 // 我拒绝石碑牌坊外露的伤疤 / 拒绝不了闲云野鹤的想象 // 划亮一根火柴，指尖跳跃 / 此刻我唯一拥有的人间烟火”，结尾很脱俗，最后这一根火柴，象征人间烟火，跟前面有一个对照，整个色调立马不一样了，也有了艺术的张力。再比如写萧红的那首，“那碗酒 / 泼进了自己的海里 / 她至死 / 也没有找到自己的屋子 // 天空是低的 / 羽翼是稀薄的 / 人间太沉重 // 每个人都是一段乱世 /

在大时代 / 隐姓埋名 / 她却一遍遍 / 写自己的名字 // 并且，摔碎琉璃盏 / 试图用碎片 / 铸一尊鼎”，最后“放任一段溺死的光 / 被救起 / 然后落到更深处”，这里面她对萧红的理解是很深入的，诗不长但是很传神，把萧红一生的漂泊、反抗宿命、悲剧性都表达了出来，是很见功力的。李昀璐的情感方式、传达的经验是很现代的，她对世界、对情感是保持距离的，主要的不是拥抱而是疏离，是冷静而不是热烈。就像她一首诗的名字，“局外”，她很多时候是在局外进行审视、旁观的，诗中写“我的眼睛，带着所有深情 / 黝黑如井，远远地看着你 / 在所有辗转反侧的夜里 / 耗尽一个又一个晨曦 // 仿佛自己是透明的，/ 像一颗清亮的露珠 / 是一个卑微的借光者”，这里面传达的状态是很微妙、很纠结的，也是很丰富、很复杂的。再比如说《看星星的人》里面，“身在光影中，尘世比行星更远 / 一次次低着头淌过 / 无法命名的人群 / 隔着屏幕，去爱别人”，这里面表达的也是一种现代经验，传达一种很复杂的人生体验，这种复杂性也是值得提倡的。

当然，关于李昀璐的诗读后也有一些不满足。我不太清楚我读到的作品能不能反映她到目前创作的基本面貌，我感觉还是单一、单薄了一些，视野还是可以更开阔一些。可以增加一些比如说现代人内心的困境、矛盾，人的变化，社会的变化的书写，应该增强诗歌的当代性，在当代的语境下寻找和表达诗意，而不是一味地悬空和虚拟。古人说，读万卷书，行万里路，我觉得这两个方面都是重要的，一个就是直接经验，目光向外，增强时代性、现实感；另一个就是间接经验，目光向内，增强精神性、思想性，两个方面结合可能会打开写作的思路，形成一些新的冲击。这实际上也就是古人说的，功夫在诗外，提高诗歌不仅仅在诗歌本身。在诗歌语言方面我觉得也不一定非要陌生化，现在的这些作品修辞化的程度已经比较高了，怎么样让它更精准、更直接、更有力我觉得是值得思考的。语言很重要，但是从语言到语言，仅仅在语言的内部用力又是不够的，它还是要跟思想，跟对人生、对世界的理解和想象结合起来。另外一点，有的诗一些技术性的处理包括用词我觉得是不是可以再斟酌、考辨一下，比如说《赏花时 · 在场》，“一走近那棵桃花树，我的影子 / 就和斑驳的花影重合 / 最后落在树根上 / 仿佛我也是从那里长出来 // 我开的多好啊，就像你在场”，我觉得最后这个“你”的出现有些突兀，当然也可以理解为点到为止、戛然而止，但是，这个“你”如果不重要可以不写，如果重要那不应该这么简单地一笔带过，感觉现在处理得还是简单了一些。能不能在惯性会停止的地方更进一步，写出一种更复杂、更内在的状况，我觉得这可能是对写作者真正的考验。这样的情况并非仅有，在另外的诗比如《天明》《相见欢》中也类似。个人感觉是没有把诗写到极致，没有把它的潜力充分地挖掘和呈现出来，对自己还不够狠。写作者对外界、对他人要宽容，对自己要狠一点，现在还是没有把诗的可能性的空间充分地打开。

彭飞 《保质期》 水彩画 110cm × 54cm

老虎风筝

// 李昀璐

李昀璐，1995 年生，云南楚雄人，毕业于山东师范大学地理与环境学院，诗歌作品散见于《人民文学》《诗刊》《扬子江诗刊》等刊物。

无人之境

一个人，活成一个家庭，一个乡村
一个城镇，每日努力地生活
认真地说话

词语纷纷逃逸，远走
一个词是另一个词的道路
一个词是另一个词的渊薮

要很多诗行，才能感到暖意
才能度过一个万物复苏的春天

多么残酷的季节，插下的木棍都会发芽
隔世的桃花绚烂盛开，赤地之上白鹭栖息
却无法生长出另一个人，城镇的另一部分

只能花再多一些时间，造出一艘船
在风和日丽的午后，目送它，独自远游

老虎风筝

每个放风筝的人
都想飞，靠一根线
拉住蓝天另一端
仰望自己的欲望

蝴蝶穿着鲜艳的花衣，五彩斑斓

燕子线条流畅，轻盈翻飞
更多的三角形、多边形

我们身体无法拥有的形状
风穿过骨架，肉身太沉重

空旷的原野上
有人牵着巨大的老虎风筝
虎爪一遍遍掠过头颅
在胸腔，发出低沉的共振

冬天的河

河流慢下来，趋于停滞
也许还有别的东西，同时慢了下来

比如两岸竹子窃窃的语速
悬而未决的雪意

以及附着在河上的一切，冬日
石头，浅滩，飞鸟。包括时间

田间站着舅母，和青葱的豆荚
临水照影，她们的清丽淌得极慢

背着背篓，逆流前行的老人
慢慢直起了腰

夜晚穿过城市

光被滥用，还有很多东西
被我们拉下了神坛

地面生出了很多影子
本来就拥挤不堪的人间，更加难以捉摸

它们拥有不同的颜色
和变幻的霓虹灯一样
并不能，准确的描述灵魂

它们是城市夜游的流浪者
庞大的数量，让它们变得廉价

如果渴望不同，或者渴望与其他的
事物连接在一起，光也会很快的转动
分开所有牵连

消亡的速度太快了，像冰一样
光也像冰一样，透彻、寒冷

我孤身穿过城市，始终依靠着狭窄的阴影
避开了脚下所有的追求者

烟花易冷

与冬日的寒意，瓜分一小片天空
大家七手八脚地凑了很多烟花

房屋还没有完全建好，脚手架在屋顶
站成一座小小的塔

蜿蜒的公路在身侧展开，没有车经过的时候
它也和四周的农田一样，往下生根

屋后的沙山上，留下了很多脚印
男孩女孩们光着脚，在沙子上跑来跑去

那是他们的大江大河，越过山丘
又从最高处滑下来，星光落满了脚印

点燃的火苗蹿了出去，夜空中悬挂的清霜
支离破碎，绽开一个个彩色的蛛网

屋外的一切都是冷的
炭火越来越旺，酒越喝越暖

新生

看到光就想哭
看到洁白的一切
墙壁，床单，被子
看到墙壁上反射的阳光
看到妈妈

一周岁

她还不会说话
偶尔看着客人
发出含混不清的音节

但是她知道
屋子一周岁了
屋前的躺椅一周岁了
刚刚过来抱她的小姨
也一周岁了

小寒花开

早发的樱花闯入冬天
温柔而有力量

为了看看，树梢粉色的云朵
我也愿闯入冬天

去年对坐的屋檐
玉兰盛雪，已等待良久

雪夜与咖啡

雪花簌簌落下，最冰冷的花束
也有人握在手中，一遍遍的温暖

我发了很多条微信，在你的对话框中

积累成绿色的河流，也渐趋冰冷

无人应答的词句，生根在空旷的夜空
飞机从窗外驶过，凌晨三点

雪崩，轰隆地降临在我的头顶

捕风

——兼致婧瑜

穿过风沙的人，总是听见
整夜整夜的涛声

遍地滚动的铜色砂石
在手中瓜熟蒂落

麦田把一切染成金黄色
除了谁也不曾抵临的远方

他们和风交换一部分的自己
换取身体中的向日葵

218 班唱黄河大合唱

每个年轻的面孔身后，都站着很多人
他们挤满了舞台，或和他们一样年轻

或耄耋，或更年轻一点
在多声部中，安放自己的声音

男声女声交错
栖身河流的一个个波涛

他们没有到过黄河，也未见过合唱中的
风、马、山岗、高粱

甚至那些此刻站在他们身后
与他们共振发声的人，也看不到

而那些远道而来的人，也无力描述
那条流淌在日落之地的北方大河

但是给少年的血液
浇了一捧黄河水

雾笼天街

走过南天门以后
泰山就不见了

蓬莱不远，今夜有人骑鲸而来
衣袂与远峰同色

登临绝顶，揽云烟入怀
倾万江之水，化一身雾色

我拒绝青石板街兜售的清寒
拒绝不了铺天盖地的月光

我拒绝石碑牌坊外露的伤疤
拒绝不了闲云野鹤的想象

划亮一根火柴，指尖跳跃
此刻我唯一拥有的人间烟火

鄂嘉，我的爱人

来年，男人和女人
平分每一粒麦穗
巫师和乌鸦共饮一江水

今夜
人来人往中
我们烧掉所有麦穗中的春天
在火堆旁
喝苦涩的酒
说甜的话

酒杯
早就在前世摔碎
我不敢哭，瞒着日出
一直在爱你

忆萧红

那碗酒
泼进了自己的海里

她至死
也没有找到自己的屋子

天空是低的
羽翼是稀薄的 *
人间太沉重

每个人都是一段乱世
在大时代隐姓埋名
她却一遍遍
写自己的名字

并且，摔碎琉璃盏
试图用碎片
铸一尊鼎

放任一段溺死的光
被救起
然后落到更深处

*《在西安》（聂绀弩回忆萧红）：“女性的天空是低的，羽翼是稀薄的，而身边的累赘又是笨重的！”

雨季

云贵高原牧羊的众神
整个夏季都在洗白云朵
然后在秋末的雷声中
亮出了细长的刀

碧色寨火车站

铁轨往前走，自己去找车
钢铁骨架，该有一颗比铁硬的心脏

屋檐下的阴影收纳一个又一个旅人
他们带来远方，没有哪一根肋骨和铁轨等宽

挂钟以指针拒绝时间，阳光从小楼
黄色的墙壁中，缓慢抽出自己

等候火车时，藏匿的可能性胜过所有
复杂的证明题——证明自己是一座车站

夜夜等候风停歇，0.6 米的寸轨上
驶过一片大海

看星星的人

阴影里的人
从不敢在桥上看风景

在月色中识得自己
永远只有一面
小心地，与别人同步自转
不敢回望身后的环形山

星辰自己决定移动轨迹

顺行或是逆行，或是
离经叛道的自缢

以几亿光年，去接近
另一段遥远的光
彼此都是冷的
从没有人，当面叫过他们的名字

身在光影中，尘世比行星更远
一次次低着头淌过
无法命名的人群
隔着屏幕，去爱别人

意外

暴风席卷的雨，来自
太平洋西部的海，潮湿的呼吸

花从亚热带的梦境醒来
梦见蝴蝶，在彼岸振翅

你站在下雨的窗台
我在淋雨，舍不得离开

一朵花因一场雨
向往一片海

我因遇见你而期待
一场汹涌澎湃的

意外

相见欢

把远山叠起来，放进茶壶里
放的时候要轻，别碰散了松枝里夹的云
茶壶要透明的，方便阳光进来

在清晨和中午之间放朵花
放我最喜欢的玫瑰
要你去斗南花市看到的第一朵

然后我们，就坐在那里啊
一盏一盏的
把晴天倒出来

四弦歌

四弦琴声响起，桃花一朵朵
在夜里次第开放
弹琴的老人闭着眼睛
拨着弦。弦上
有山水烟霞，有活人和死人
悄然来临又慢慢走远
——琴声戛然而止时
我回头看
落到地上的桃花
又纷纷回到了树丫

安龙堡听花鼓

鼓声点亮了灯光
安龙堡的夜晚是敲出来的
星星，都藏着涣散的魂

在鼓声和舞蹈里迷路
鬼魅破土而出，在我体内晃来晃去
有人把鼓槌塞到我的手上
对我耳语："你即使丢了魂魄
"丢了半边月亮
"丢了我送的高山杜鹃
"也不要撒手，把这个夜晚丢了"

夜深了，人烟散尽
花鼓沉默如石，我静坐在上面
心脏还在咚咚咚地
响着

记爱尼山白牡丹花

爱尼山上
开了花的牡丹只有一指高
没有开花的
比任何一株野草，更野

没有人在场的春天，天遥地远
开花、落叶，都有尊严
不会被惊扰

路经此地，无需费心分辨
牡丹和芍药开花的区别
牡丹性寒，清热，入药微苦
白色的花，比任何一场
雪，更孤单，更弱小

六月二日风雨大作

击鼓落日前
黑云抽出通体银光的峨眉刺
鱼驭风而来，云中露肚白
隔壁黄河被打翻，入海口改道
千支万流涌动，天地误入其中
改头换面，新开一夜
轰隆隆，轰隆隆
骤雨颠倒，翻滚几经
骰子落定

这次打开
人间会转到什么新点数?

四月十六日雨

四月的雨，就像
清冷的笑意
短促，轻轻一声
落在哪里，都清澈见底

笑着笑着，风中传来
低声啜泣
一夜一夜，连绵不绝的
叹息

每一声，都是把凋谢时
要流的眼泪，先给你

相拥必伤

气温到 37 摄氏度的时候
外界与人体，温度
无限接近

被自己的体温包裹
仿佛自己，被自己拥抱
也可假装是别人

渴望被爱
也渴望间隙，渴望风
穿堂而过

像秘密与黑夜坦白
像药和伤口谈恋爱

白鹤记

来不及了，风已经没过了脚踝
花快要凋谢了

在此之前，纸上已经
经历了无数次废立
绯色花冠在候选者的头上传来传去
最后，落在了一只白鹤额间

和光抢夺最后一点四月
天要亮了，梦还没有完成
打更的声音次第响起
一笔勾掉的种种
其中相思最无用

白鹤的少年，独身走过四下无人的旷野
他想活在玄宗的年代，展翅敛聚
眉间仅存的夜色

歌舞声歇，尚有人频频回望：
“天亮了
但你不要睁眼
睁开眼
就再也看不到我了。”

六月登泰山

在山脚 我看见春天排着队上山
一个春天怕黑
没有过检票口
一个春天在中天门 等一个槐花饼
一个春天在十八盘

被风吹得七零八散
还有一个 在南天门
和衣而卧
在玉皇顶看到了大前年的春天
寒意凛冽 眼神如刀

山水画

他笔锋中的山水，一年年的
消磨四季

飞鸟停在
山涧中的雪，很多年，仍未遇到
合适的时机消融

春水，破碎的波纹
来自一江风，拥抱力度的加深

放开手中的风筝线
乱红如雨

沉迷于虚构的月亮
——真正的月光，在曾与他照面之际
一夜老去
洁白的尸体，落满山涧

山林道

缺水的山裂出

弯弯曲曲的路
从山脚一直向上蔓延

年轻人往外
走进了电线杆上的广告
老年人往里
走进了石碑

山林道荒芜，裂口
被野草渐渐缝合
缀满西红花

只有太阳还在走，每日
走到山顶，然后从断崖处
落下去

无人知道的萧小姐

如果我有一百个名字，就重识你九十九次
一边挨着急促的厌倦：它周期不定
但精确降临。一边手植新的分身

换置已被厌弃的姓氏，虚构不同身世
借走一张又一张画皮，我在所有的战役中
败走复又重新折回，交出指南针、地球仪

和圈养的野狐狸，交出漫过我头顶
又让我无数次侥幸逃脱的夜晚
却死守最后一个名字

它与你同一个姓氏，只能生在
青白色的碑石
里面藏着九十九个死灰复燃的春天

局外

做一个最忠诚的观众
在人群中早早到来
最后离开

世上说话的人太多了
有的声音像流水，而另一些
是水里打滚的石头
如若此身，不能补天

那就击碎一些东西
或者建一座城
安放聚散、忧愁
和所有想要的离合

我的眼睛，带着所有深情
黝黑如井，远远地看着你
在所有辗转反侧的夜里
耗尽一个又一个晨曦

仿佛自己是透明的，
像一颗清亮的露珠
是一个卑微的借光者

黄鹤楼记

大江东流，波涛相拥奔腾
告别过千帆相竞的时代
黄鹤楼孑然一人

金黄色的檐角分割高楼线条
酒楼、便利店和火车铁轨
日夜疾驰
时代的速度比江水更快

放慢的时空中
它数次怀想前生
风入松，而后登楼
那一个个
曾醉倒在它身侧的故人
最终都飞不过江心洲
敛翅立于楼前
变作一只铜酒杯

烟花落下的地方
一个朝代安然入眠
诗行蛰伏城中
化解所有雾霾、流感和背叛

我们曾陷落疮口
为了被深情拯救

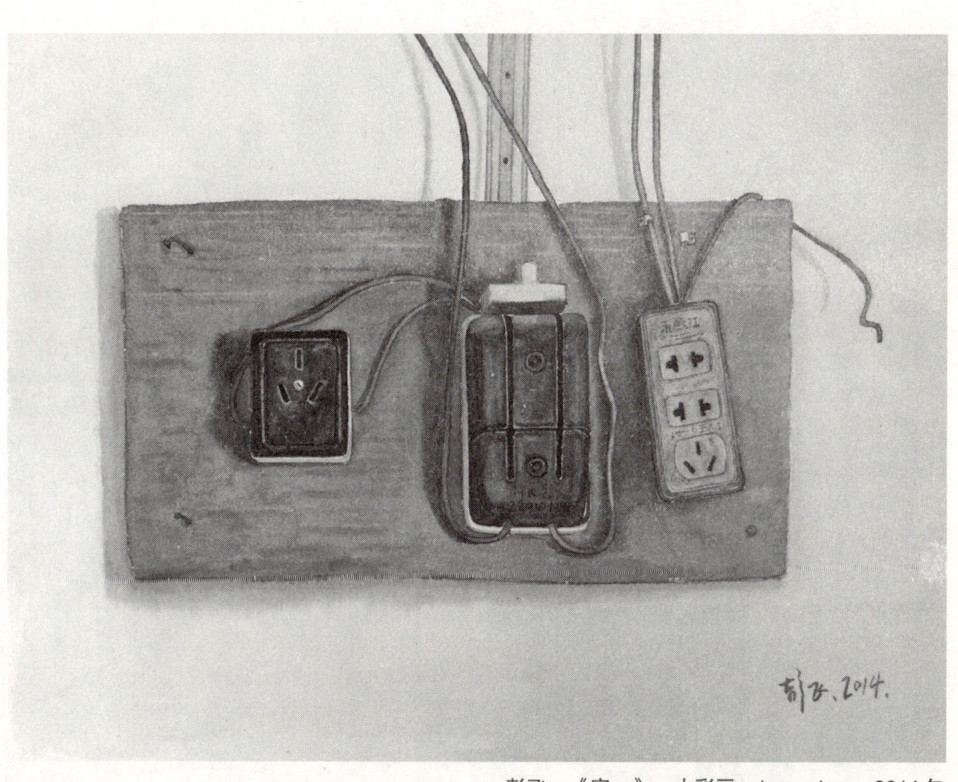

彭飞　《家一》　水彩画　1cm × 1cm　2014 年

彭飞　《家八》　水彩画　110cm × 54cm　2014 年

安静与谦逊之美

——谈谈张伟锋的诗

// 敬文东

敬文东，作家，蜀人，生于1968年深冬。初学生物，后学文学，1999年获得文学博士学位，现为中央民族大学文学与新闻传播学院教授。学术著作有《守夜人呓语》《流氓世界的诞生》《指引与注视》《失败的偶像》《被委以重任的方言》《诗歌在解构的日子里》《灵魂在下边》《随“贝格尔号”出游》《事情总会起变化》《牲人盈天下》《用文字抵抗现实》等，另有随笔集《写在学术边上》《颓废主义者的春天》等，小说集《网上别墅》，诗集《房间内的生活》。

汉语原本是一种倡导谦逊（但不奴性和自卑）的语言，在更多的时候，它倾向于低音量，反对嘈杂和喧嚷。有人考证，华兹华斯在《序曲》中喜欢使用的“喧嚷”（hubbub）一词，正是弥尔顿在《失乐园》里专门用来描写地狱的词汇。有热情的文学观察家认为：华兹华斯偷师学艺于弥尔顿，就是想借用这个词，斥责现代文明生产的噪音对世道人心造成的伤害。在传统诗文中，我们圆润的汉语更信任安静带来的力量；或者，它更相信安静自有其力量，胜过了地狱中看似孔武有力的喧嚷。佤族诗人张伟锋对此似乎颇有感悟——

高空蔚蓝，青山碧绿。我的灵魂
宛如流动的江水。知晓游动的鱼群
知晓往来的船只。你常年出没在江水之上
背负风霜和星辰。夜晚沉寂，有人点燃渔火
关于你的隐秘，我也顺便知晓
（张伟锋：《江水引》）

写作就是修行；修行就是获知自己的限度；获知限度就是获取本真之我；本真之我就是跟生命之源依偎在一起。依汉语之见，或依汉语表达出来的华夏思想之见，生命之源不仅是安静的，它在自强不息和生生不已中，还必然是谦逊的。在张伟锋并不漫长的写作（即修行）中，也许明白这个看似简单的道理，因此，他更愿意回归于汉语的本性，也听命于汉语的本性——

梅花落在冬季里的雪地
夜里出行的人，至今仍未回家
我即便转身，背负的，依旧是黑暗

那些大而无当的词语，请暂且收起
那些还没有到来的时日，请默默等待

一想到，万物都会凋零，就不禁感伤

一想到，我们还活着，就不禁坦然
只要活着——只要活着，就有明天和光芒
（张伟锋：《浮生贴》）

语句平实，汉语的从容呼吸寄居其间，为大如“雪地”“万物”，小若“夜里出行的人”“伤感”“活着”一类逐级递减的日常事物与心境，加添了语词性的装饰物，有一种素朴之美，或安静之美。事实上，汉语的安静与谦逊通过张伟锋，张伟锋则听命于汉语的谦逊与安静，两者配合无间，生产出舒缓、步态从容、情绪温和的诗行。词与词之间的关系，句子与句子之间的关系，乃至前一个呼吸和后一个呼吸之间的关系，都被张伟锋拿捏得较为精确。在他的操持下，汉语本有的安静和谦逊终于有机会给“凋零”与“伤感”、“活着”与“坦然”一种饱满、祥和的面孔，藏中有露，露中有藏，含蓄、内敛，没有多少夸张或剑拔弩张。

一个人抽烟饮酒吐烟雾，一个人
与疾病和衰老时刻敌对
一个人住在一间屋子，盖一床被子
一个人出门去，一个人回家来
一个人吃饭，一个人喜悦和忧愁
一个人看电视，猜测故事的结局
还有人们的去向，一个人来到冬天
一个人看雪花飞落
触摸冰冷来到人世间，一个人北上
到祖国的最北边，一个人在江上漂流
抵达南方的灼热阳光里
一个人在生活里，遇见了另一个人
一个人生活的时间太久
一个人讨厌两个人的关系和状态，跌跌撞撞
辗转反侧，遍体鳞伤，一个人回到一个人的时空
有烟的时候，一个人抽烟

没有酒的时候，就一个人穿过大街
去买一瓶烈性的白酒
一个人对着一个天空，自由随性地吞咽
一个人打开一个世界，围上栅栏
布上荆棘和刀尖，防止外人进入
一个人去了一趟梦，一个人回到现实里
一个人经常把两者搅拌在一起
想怎样咀嚼，就怎样磨动牙齿
一个人的影子，投射在月光下，一个人的旁边
是一个体形巨大的石头
（张伟锋：《一个人》）

孔子的名言“仁者乐山，智者乐水”，差不多开启了中国思想史上的动静辩证法，并为静的德性伦理地位一锤定音，以至于引起了钱穆的抱怨：中国古人只理解静穆之美，无法理解动荡之美。因此，“雨中山果落，灯下草虫鸣”被认作诗的至高境界，就是很容易想见的事情。但静之美和威廉·华兹华斯（William Wordsworth）所述的局面并不完全等同：诗“起源于在平静中回忆起来的感情。诗人沉思这种情感直到一种反应使平静逐渐消逝，就有一种与诗人所沉思的情感相似的情感逐渐发生”。静在中国古典诗歌中是一种境界，不是一种情感或情感的发生方式。它具有本体论的性质。

不能说张伟锋对静的本体论地位有多么精深的理解，作为一个用汉语写作的诗人，来自汉语的根部。《一个人》未必是刻意之作，但它将静有意识地突出出来，并获取了特殊的诗学效果，却是可以私心默察的。就是在诗有意获取的效果与现实之嘈杂的张力和冲突中，《一个人》反而获得了批判的力量。从表面上看，这种力量始于静，并且终于静，但掩藏在静之下的，是冲突与张力，而一种能够被掩藏的张力与冲突该是多么美好，一种诗学上的美好，一种诗学上的不着痕迹的风度。“一个人的影子，投射在月光下，一个人的旁边 / 是一个体形巨大的石头”中那个“体形巨大的石头”，正是这种美好与风度的上佳造型：不游弋，也没有含混，把张力和冲突造就的结局给表达了出来。

鬓上有霜

// 张伟锋

张伟锋，笔名土木，佤族，1986年生于云南省临沧市。中国作家协会会员，鲁迅文学院第八期少数民族文学创作班学员。现供职于临沧传媒集团。2003年开始文学创作，有大量作品在《人民文学》《诗刊》《民族文学》《大家》等刊物发表，著有诗集《风吹过原野》《迁徙之辞》《山水引》《时光漂流》。曾参加《人民文学》第二届“新浪潮”诗会，《诗刊》社“一带一路”诗歌之旅·云南青年诗人研讨会；曾入围第十一届全国少数民族骏马奖终评，荣获第三届中国“刘伯温诗歌奖”，2014年“滇西文学奖”。

鬼针草的秘密

我们有无法说出的忧伤
更有无从表达的疲惫。我们的心性
如此贴近。我们一起去向自然
我看见，有鬼针草，还有别的植物
在等我们

生活把我们掏空了，我们哭泣完毕
就去仁慈的山间密林，溪水谷边
取回一些肥力，继续滋养自己
之后，再与空荡的世俗，继续消耗

你飞翔在草丛里的影子，像极了
是在舞蹈。我在你的身后，沉迷了
陶醉了，简直快无法无天了
你是你自己了，我也想如你那样
我们的手迎着风

那些不听话的鬼针草，到处乱飞呀
它们落在了我们的衣襟，落在了我们的鞋带
它们似乎有秘密
它们似乎渴望离开。莫非它们也困倦了
想和我们一起去向更广阔的原野

鬓上有霜

他去了山中。数天里，没有人追问他的踪迹
夕阳下，他掏出烟盒，拔出烟，点燃火

烟雾缭绕。鸟群已经飞离山林
圆月沿着山岗慢慢爬上来，他把左手放在
褶皱的脸上。忽然间，他发现他的鬓上有霜
他转过身时，已是夜深人静
他带着黑色的面孔，消失在苍凉的风中

半个心愿

乡村里的菜花，一朵比一朵开得还要热烈
太阳执拗不过它们。只好迟一点升起来
早一点落下去。我们不要去干涉它们的自由
也不要一厢情愿地给它们指出道路
让它们自己做自己，就像我们渴望随心随性随情
蝴蝶如果飞来，碰落了花瓣
我们也不必叹息不止，万一它们即便遍体鳞伤
也是心甘情愿呢。如果蜜蜂把花蜜全部取走了
我们也假装看不见，或许它们的勃勃生长
就是为了酿造甜美呢。那天，我从油菜花地路过
看见几个孩子，在蓝天下撒野，他们显然很淘气
显然也快乐得没有了边际——我忽然想起来
我有田地数亩，像我这样的农人
早就该种上一片金黄的油菜花，随它们一起
在干净、透明、轻盈的风中摇曳

枯死的野竹

在一座不知名的山冈
看见一蓬枯死的野竹，叶子早已飞落
只剩下光秃秃的枝干。我要是在这里安家

在这里有一块田地
那该会有多好。我想好了
把那些大一点的竹竿砍下来，劈成四半
把那些小一点的，削去更小的枝蔓
我要把我的土地围栅起来，在里面
种些白菜，青菜，茴香，小葱，大蒜
也要种一些一直离不开的辣椒和生姜
如果那些枯死的野竹听到我的愿望
不知道它们会怎么想，但也无所谓了
我还会把它们埋在土里的根须刨挖出来
之后，栽上新的野竹，再把泥土填回去
这样，这里就仿佛什么也没有发生过
除了多了一个菜园
一个栅栏，一个心向乡野的人
以及一种静如止水的生活

风，一直在歌唱

风啊，请慢些吹。村头的核桃林
被干净地刮落了叶片，张姓家的顶瓦
被悉数翻起。而我一个人
刚好出门去远行

风啊，请慢些吹。翻过几个夜晚
再走几个山头，就是春天。温暖抚慰着鲜花
枯萎的树木重新
挤出新芽。隔壁那个苦命的寡妇
终于找到了好的人家

我在人间漫游。风啊，请慢些吹
我若有忧伤，若有欢欣，被顷刻之间
相互勾兑、搅拌，就会胸闷、体虚
浑身无力，恍若经受了
伤筋动骨的惊吓

苦荞地

想念你的时候。我想到了天空的蔚蓝
想到了云朵的洁白，轻风的清凉。还想到了
飞来偷吃荞籽的鸟群。在苦荞地里
还有几个孩子，大一些的，带着小一些的
苦荞交织，地里的土块偏大，孩子们的步伐
不是很利索，他们做的游戏，也不是特别有趣
不过，在那个清晨，他们简直高兴得
没有了边际。你和我一样
也是在荞地里，各自做着些什么
我现在是一个人独处，我想念你。关于你的一切
都很清晰，但我想不出你的脸庞和眼睛
我尝试过很多次，可没有一次获得胜利

梅花令

梅花盛开，点亮深山
漫长而孤寂的路途
突然变得欢畅。一个人的世界
也有动人的音符萦绕

看小鸟飞舞在花的丛林

看蜜蜂为甜蜜忙碌不停
我像一个旅人，我其实就是一个旅人
始终渴望跨出脚步

而现在，我在肥硕的大山里
遇到了肥美的土壤
它们滋润我的心，向明亮的方向生长
它们让我放弃沉重的枷锁
以及自己和自己的对抗

我想坐在梅花树下，逗留
数星星，看远方，听清风，赏圆月
还有，怀念陈年的旧事
和之前日夜倾轧胸口的那个人

从今时今日起，从此山此地去
一切所历经的阴暗、忧郁和背负
将在瞬息之间，转化为轻灵的气息
喂养我的魂灵，朝夕圆润
年年如花

分裂症

他拖着繁重的肉身，从人间走过，灵魂总是在飘飞
他原本完整，后来分裂，一半是好人
一半是混蛋。如果你在尘世遇见他，请不要打招呼
万一遇见的是邪恶呢。我们给他一些黑暗吧
陷住他的阴气，也困住他的阳气。如果善的得到脱身
那么我们一起为他欢呼

如果是另一面，我想我们应该坐下来讨论
如何把一些东西永恒地镇压在地狱，让它永世不得翻身

在草山

牛羊成群，它们包围我
什么样的生活，才可以告别忧愁
这个毫无意义的问题
重重叠叠地泛滥而起。片刻之前
有人给我来电话。闪烁的言辞
已经消散在风中，而抵达体内的回响
却叮叮当当。我有成山的幸福堆积
始于某个人。我有万劫不复的苍凉
始于某一天。我在草山
身体在，灵魂也在，这两个物件
难得合二为一。所以多么大而无当的悲伤和恐惧
多么难以琢磨的未来，即便可以预期
或者不可推测，都是多么地无关紧要
天空在上，一片无边无际的蔚蓝
无数浮动的云朵。大地在下，野草抖动身子
花儿放出缤纷的色彩——
我只想闭目养神，和微小而又美好的事物
比邻而居。我们永远互不造访
永远互不侵犯

去山中

一个人去山中，是照见自己
两个去，便是彼此以心相度。肉身的枷锁

让人厌恶，尘世的浮夸
让人忘记真实。去山中，岩石，山川，河流
飞鸟，虫豸，野兽。树木，小花，野草
仍然像我的亲人。前世，我是一株植物
今生，我做不成，便经常带你返回
到它们中间。在山中，你愿意是你自己
那么就是。你愿意融入我
那么你就以你的方式进来。山脉所及之处
是你宽广的大地，阳光洒落的时辰
是你浩渺的天空

意向书

我自乡村出身，曾打过柴
犁过地，种过苞谷和水稻
也牧过羊，放过牛。时光给我的只是皱纹
再就是，干净利索的刀锋和背向人群的勇气
如果再回到乡村，那个人烟稀少的地方
我依旧可以日出而作，日落而息。养住我的身体
让它慢慢衰老，守住我的灵魂
让它不飞出植被茂密的山野。而你的命运
同我大抵相当，在外面奔走了那么多年
疲惫之躯是否还向着，那遥远的
和未知的，是否还要沿着风向
继续浮萍般地漂流。我有三千个日夜
献给你，在这之间，只要你的嘴唇说出：山野
清风，明月，自然。我就带你
从蜿蜒的小路，遁世而去，依山筑房
黎明锄地，半夜看月亮和星星。当然

我们也可以在周围种些翠竹，闲来折枝制笛
奏几曲一直爱听，却从来叫不出名字的旋律

山野之趣

从城里出发，去向山野，需要很多的时间
不是因为隔得太远。而是，路太弯
山太陡，还有就是视线不太好，车子容易打滑
白色的雾气，从谷底飞升而起
它们穿行在岩石的缝隙，填充了草木之间的距离
目之所及的一切都被紧密地关联在一起
分也分不开。山中有很多的野花，也有不怕冷的鸟儿
在啼鸣，在抖动翅膀，扑哧扑哧地飞翔
它们肯定不是在寻找食物
却清一色地落在了殷红的梅花树上
它们应该是一家人，或者即便不是
也一定是有着命运纠缠的伙伴。我从没把目光和心思
给过一株相对陌生的梅花树
可这一次是顺理成章的意外，我整整在岩石上蹲了
一个早晨。等到鸟群飞走了，等到雾气消散了
等到阳光落在欢快的水声上

墓碑

墓碑之上，只有简单的几个字
交代着姓氏，和众人没有多少区别的名字——
出生地，生平介绍，绝命的时间和地点
以及原因，没有。关于婚姻、子嗣和家庭的信息
也没有任何透露

数年间，有人在经过墓地的时候
经常会看见一个低着头颅的人
站在墓前。手里没有鲜花，嘴里不说一句话
身着一袭黑衣。除此之外，浮动在世间的人们
便一无所知

住在里面的人，肯定生存过
肯定恨过、爱过。肯定被多数人遗忘在尘埃里
肯定一直被少数人惦记着、眷恋着、依依不舍着
或者无法离开
或者从不接受生命消逝的事实

原野即景

飞鸟落在树上，成熟的柿子
等着它们啄食。天空真的很蓝
云朵真的很白。之前，鸟儿们
大约不认识这些金黄的果子，但是
现在却离不开，它们把小头颅伸进里面
取出最柔软的部分，吞到最柔软的体内
我看见，有两个人影
躲在草丛里，他们蹑手蹑脚的
偶尔探出身子，按动手里的快门
我在不远处，刚好可以把他们拍下来
定格成永恒。在往后的时日里
他们不会不听话，他们不会从里面跳出来
相互怄气，互相伤害，各奔东西
里面就是他们亘古不变的家

无可慰藉

此树枝繁叶茂，翠绿葱茏，招风，招雨
招惹伐木工的刀斧和铁锯，不可依
不可靠，不可到其底下寻求安逸和超脱

此人满面愁容，内心幽暗，忧得，患失
常困于现实的牢笼和梦境的虚无
不可信，不可爱，不可倾其怜世之心

乌木龙

乌木龙的水流，清澈见底，石头、泥土和沙子
常年蛰居其间，从不迈向河岸半步
有清风撩动绿色的核桃树，叼着烟斗的俐侎老头
穿着黑色的衣服，坐在黑色羊群、猪群和牛群中
旁边嬉闹的几个孩子，也清一色的身着黑衣黑裤
他们从生活开始出发，朝着命运的尽头走去——
斗转星移翻阅的是千秋万代，但白云和蓝天喂养的高山
不曾摇晃，但深陷于低洼处的人们，不曾凄凉和迷惘
远处茂密的树林里有清脆的歌谣传来
放牧者挥动鞭子，用几声嘹亮的调子回应后
把牲口赶进了炊烟袅袅的村庄

一个人

一个人抽烟饮酒吐烟雾，一个人
与疾病和衰老时刻敌对

一个人住在一间屋子，盖一床被子
一个人出门去，一个人回家来
一个人吃饭，一个人喜悦和忧愁
一个人看电视，猜测故事的结局
还有人们的去向，一个人来到冬天
一个人看雪花飞落
触摸冰冷来到人世间，一个人北上
到祖国的最北边，一个人在江上漂流
抵达南方的灼热阳光里
一个人在生活里，遇见了另一个人
一个人生活的时间太久
一个人讨厌两个人的关系和状态，跌跌撞撞
辗转反侧，遍体鳞伤，一个人回到一个人的时空
有烟的时候，一个人抽烟
没有酒的时候，就一个人穿过大街
去买一瓶烈性的白酒
一个人对着一个天空，自由随性地吞咽
一个人打开一个世界，围上栅栏
布上荆棘和刀尖，防止外人进入
一个人去了一趟梦，一个人回到现实里
一个人经常把两者搅拌在一起
想怎样咀嚼，就怎样磨动牙齿
一个人的影子，投射在月光下，一个人的旁边
是一个体形巨大的石头

我们的哲学

她去采野花的时候
我就在她的身边，静静地看着她

那些在岁月里盛开的精灵们
最后都飘落在了岁月里
数年之后，就找不到任何的痕迹

仿佛是流动的空气，透明而温暖
在遥远的南方，我们把肉身交给时间
任由风吹雨打，任由白昼和黑夜叠加
我们中的两个人
必定会有一个先说出永恒的告别

我研究过历史，空间只有两个格子
冥界和阳间。在生死相隔之后
如果我们还在一起，相互怀念
那么我们可以对自己说，我们是多么了不起

因为，只要有凡人和鬼魂游动的地方
都有我们的身影
因为，在苍茫而浩渺的天地之间
我们占据了整个世界

浮生帖

梅花落在冬季里的雪地
夜里出行的人，至今仍未回家
我即便转身，背负的，依旧是黑暗

那些大而无当的词语，请暂且收起
那些还没有到来的时日，请默默等待

一想到，万物都会凋零，就不禁感伤
一想到，我们还活着，就不禁坦然
只要活着——只要活着，就有明天和光芒

如果有谁知道对和错，知道美好和不美好的界限
我都表示佩服。世界很小，宇宙也不大
可有些事情永远也分不清

隐士

小隐，躲在山野。避而不见
自己以外的人和事，或者自己本身

大隐，晃荡在喧嚣的尘世
造一山，造一水，造一屋，造一朵白云
以及安放自身的宽度和长度

东方的启明星，照着清凉的早晨。恍惚中
我仿佛经常看到自己提着水桶，侧身出门
在露天底下的水井，弯腰汲水

梦游记

我的心是移动的袈裟
覆盖在有月光的夜晚。远山隐约可见
鸟鸣偶尔传来
在小路上徒步，我遇见了老朋友
她背着竹篮向前方走去。我们交谈
说的都是些日常琐事。四周没有人

没有村寨，也没有炊烟
她与我道别，好像要出一趟远门
但看不出她有任何焦急——这个梦中之人
像一朵盛开的雪莲花。洁净，明亮，晶莹
照耀着她和我所共处的尘世。她是个好人
在分别之时，还不忘亲口告诉我
她已经早就是个死人，埋尸荒野
游荡山间，喂养寒冷，偶尔放出哭声
点燃鬼火……在她面前
她说，让我不必畏惧

江水引

高空蔚蓝，青山碧绿。我的灵魂
宛如流动的江水。知晓游动的鱼群
知晓往来的船只。你常年出没在江水之上
背负风霜和星辰。夜晚沉寂，有人点燃渔火
关于你的隐秘，我也顺便知晓

此岸，彼岸。彼岸，此岸。之间盛放的
是我的宽广之胸和狭窄之心。在时间里
我想掉头往回走，抗拒驱使我们向前的事物——
你拖着行囊不知去向，你站在江边等我出现
你不会一个人登上一条航行方向不明的船

日落

日落时分，我们坐在夕阳的对面
群峰低于光芒，晚餐如此丰富

你拿起我写的诗章，读了一半
突然停下来。你说，要是在古代
要是眼前有个湖泊。要是王维
陶渊明都在场。你一定会学他们
饮酒，写诗，画下落日的样子——

而那只是臆想，你说，活着的时候
能遇见一个写诗的人就足够
不必亲力而为。写诗需要月光三千，流水三千
愁苦三千，自我敌对三千，孤独三千
而你，单薄的肉身和颤抖的灵魂始终难以支撑

——静默中，你抽了半支香烟
然后，欢笑着取了三片面包
加入我的晚餐时间。夜色在转瞬之间
覆盖了密集的树木和起伏的山峰

梅花词

1
雪花落下来
梅花更红了。它们像两个人
相互映衬
相互爱着彼此的颜色

2
你大约分不开它们。它们抱得那么紧
手指扣进手指，肌肤长向肌肤

我在冬天穿行时，一直低着头，很有可能
是源于羡慕和嫉妒

3
云彩之上，是天空，是融雪的太阳
它们的相爱。每一刻，都像是诀别

4
我会是那个好心人吗。雪化了
把水引进家里的池塘。梅花飞落了
一瓣一瓣地把它们捡起来
我住在山中，它们住在我的帐篷旁边

5
有一天，岁月老了
曾经出现过的事物，永恒地消失了
长在地上的，是新的精灵
我们会不会忘记那些刻骨铭心

6
你说人生长吗
你说人生短吗。不，请不要
在幸福的时刻，谈起忧愁和分离
上帝也一定会认为
那是多么地不道德

7
以后饮酒要饮梅子酒
以后口渴要吃雪。北方人

好像就是这么做的，南方人也可以
或许他们的司空见惯
对我们是意义非凡，谁又能说得准

8
雪域之上，我掏出心经默念
那曾日夜温暖我的，现在依旧是
我如果长出翅膀，那后面发生的一切
都源于这个美好的事物

9
宽阔的山野里，那一树树盛开的梅花
肯定不是有人跋山涉水，前来栽植的
那一层层白雪，从覆盖草丛开始
之后是灌木，之后是乔木
它们肯定不是受某人指使的，而是自然而然的

10
天亮了和天不亮是一样的
雪，是白雪。梅花，是红梅花
而人，平常是怕冷怕寒之人
却也愿意迎着风挥动宽大的衣襟

长江词

1
大海是我最想见的人

她的浪花一旦回头

我就得在岸上守候一生

2
这孤苦无依的一生
我一直靠想念支撑

大海的蔚蓝和天空的颜色
如此相近。有时候
我会分不清梦里和梦外

3
风声夹杂着人的哭声。我在四号船上
长江从我的脚下走过。关于命运
我们只可以控制很小的一部分
大部分需要听从，或者屈服安排

4
有一段日子，常读苏东坡的文字
他曾在长江上漂流。那是宋朝
那任由江水冲击的行舟
遭遇诸多晃荡。走一次，那就是
敲响鬼门关，然后迅速逃离

5
有些河流，生来就是内流河
有些河流，无论怎么弯曲
都会汇入大海。那完美的诗章
在注定中，悄无声息地完成

6

日月和山川，江水与大海

你们来自古老的年代。在阴差阳错中

遇见崭新的我

和在岁月中老去的姑娘

7

四号船上，有四个人。他们各自怀揣着秘密

各自谋划着未来。我不认识他们中的任何人

事实上，我从未到过那里

也并不关心他们是否真正存在

8

以长江之水洗脸

以长江之水浣脚。这滚动的江水

将去往巨大的海洋。我站在河床上

仰天大笑

世界的浩渺也不过如此，广阔的时间

和空间，全部储藏于我的胸中

9

我的心中，藏着一个辉煌的帝国

只不过，它们现在还是一堆泥土

我们沿着江水而下，或者逆流而上

找到那个俘虏我心之人

混沌的视野，将变得清澈透明

10
我一生在南方
想到北方去。之间隔着一条长江
长江上的事物
我经常梦到它们

11
石头碎裂成沙，长江流进海洋
我爱的人，她转身离开旧世界

12
越活心越小，越老越怕痛
喜剧可以常看
悲剧则闭目塞耳。大海和长江
如果有体温，他们都是好人
从未谋财害命

13
一个人在风雨夜
把黑暗看穿，把得失放下
随心随性随情而行

她大约会在移动的时光里
遇见相同的人。仿佛是镜子里自己的影子

14
倒下去的是时光
站起来的也是时光。我此刻触摸的江水
多年前，你经常用瓢打起来

浇灌在花的身上

15

我的帽子飞在空中，像黑色的乌鸦
我的焦虑，像长江，可以知晓起源
可以看见终点。我看着你
像面对毫无边际的大海，我有言语
却无法准确地说出口

坐等春天

关上敞开的门，再关上窗子
我依旧能够听到，山上的树叶
涌动出的波涛。噼噼啪啪的响动
像无数双游离身体的手

一个一个悦耳的声音袭来
随后落到地下，翻滚，静止，腐化
我应该入睡过。醒来的时候
是另外一些熟悉，但绝对是陌生的浪花

屋子里存满了度过冬天的温暖
随手可以取用。屋子以南
黄色的草丛露出白色的骨骼
树木褪去衣裳，开始赤裸的奔跑

我别无所有，甚至比不过一棵卑微的小草
冬天迎面走来，像一条长蛇
面容首先与我相遇，其次我经历了它的中心

尾巴妩媚里闪烁着邪恶，我静默不语

数落着白天和黑夜的长短。一片寂静的湖水
送出帆船游行，又迎接归航——
有一个日子会来临的，让我怦然心动
面颊羞红，措手不及——

惶然录

蜻蜓飞过晚霞，晚霞飞过天空
天空飞过宇宙

我在最小的地域。吹风，思考，感伤——
我已经变小

越来越小。和蚂蚁的大小相近
暴雨，闪电，狂风，沙石，高山，河流……

每一个物体。都在静止，在流动
或者我经历它们，或者它们刀锋凌厉

自从降生以来，自从生命有意识。我就惊恐不安
把手指借出来计数，却被睡眠迷糊

我害怕。我脆弱。我抑郁。我抱着石头
时光之中，石头瞬间就被分化，被吹散，被消失……

远去的日子

我在河边打水的时候，想起了燕子飞舞的样子
它们来来回回，飞着飞着就飞向了远方
谁也不曾知道，它们去了何方，到了何地
春天，柳树在雨中飘飞。秋天，思念混进金黄的果林
被风打落，翻滚在陡峭的山坡，或躲藏在黑暗的角落
那时候，我们如此年轻，你常来河边，你和你的姐妹们
总是唱着歌，说着笑。你或低着头洗衣服、涮花生
或弯着腰背水到地里浇灌。那时候，我远远地望着你
偷偷地看你的笑脸和身影，偷偷地听你心跳的声音
那年月，沿着河畔，我一直不停地奔跑，不停地呼喊
所有的人都以为我疯了，用异样的眼睛看着我
用质疑的话语议论着我……
多年以后，我又沿着河畔奔跑，你已经不见踪影
别人都说你去了远方。我谁也不相信
我在河边汲水、洗衣、涮花生，一个人
企盼着发霉的日子长出青青的嫩芽
穿过河堤的时候，留下清冷的身影
那个年代曾经欢歌笑语的年轻人
突然沉默了下来
晚风之中，他的身体显得比以前更加单薄、瘦削……

冬日正午

冬日的正午，其实一点也不正。太阳有些偏移
微风有些偏冷
整个院子宁静得没有一点声音。我说这样不好
会生出悲凉之意

你触碰过的苇草摇曳，它们不言语
它们本来就是群安静的孩子
我一个人穿过院子的衣襟，飞鸟
叽叽喳喳。它们像你一样，飞在风里无所顾忌

现在你走了。世界太大，我们找不到你
所有预设的轨迹
开始整体偏离。你没有见过的冬日正午
带着它的太阳和光芒，整体向西

墓志铭

该怎样向身后之人诉说命运
这个将死之人无力顾及

秋风一如既往卷走落叶
露出的泥土并不言语。最后的送别之人
有的哭，有的笑。无论怎样
他都去意已决

亲爱的。这里躺着的是个是非之人
平生写过几首诗。他热爱生命
却也几次想过轻生
他温顺懦弱，也会暴跳如雷

不必害怕，他已经安静
不会再中伤和诽谤他人，他已向厚重的土地承诺
安分守己地做个死人

你用脚踩他，或者骂他，他都将保持沉默

夜来香

竹篱笆旁的夜来香，竞相盛开
那是曾经
后来没有这个可爱的事件发生

它们是众多鲜花里的一种
姐姐也是
它们开了又谢，来年依旧春风得意
但姐姐就不是

姐姐的年龄，一晃就跑出了很多年
慢慢地枯萎，慢慢地衰老
花香四散。姐姐在这时候来到，又被逐出尘世
隔岸观火的人，你们想一想。这多么伤害人

摇来荡去的夜来香。我必须警告它们，修理它们
剪叶，撕花，除枝，斩根。每当无可奈何的人生出现
我总会寻找诸如此类的各种方法
企图抗拒时光的持续摧毁

拜访

消逝者永远不会再返回。在人群中
命运时常拔走我最亲最近的人
年轻的时候，我常常为此伤感，为此惊慌
害怕它随时带走我的亲人

也害怕让我最先告别阳光明媚的世界
没有什么是一成不变的，后来我慢慢年长
朋友慢慢遍布大江南北
它们的年纪小我、如我、长我……
经历命运的劫杀越来越多
曾有一段时间，我看见太阳投下黑色的光芒
后来我在山中拜访，遇见历经千年的古寺
遇见洞穿万物的佛陀。端坐于云端
佛陀献出他的世界观和方法论。未曾相遇
仿佛至交，他以慈悲之心解救我的困兽之斗
局外人隐藏在外面，道路的去向开阔明朗
我返回我的生活，热衷于拜访我的亲人和朋友
谅解他们的过错和言辞
他们行世的日子，我想做的是献出我的体温
直到灵魂从身体里飘飞起来
像一朵白色的蒲公英游荡在天涯

中年之境

人生终于走到这一步
与他捆绑半生的人，决定退出一场生活的游戏
然后热情洋溢地投身另外一场

中年的男人，头发斑白，胡须疯长
斜靠在沙发上。他的眼角溢出忧伤
随后话语缓慢

回首往事的时辰，他向我们说起人生
剖开多年默默无声的婚姻——

一个人与一个人相遇，像一条河
与一条河交汇，有的跌跌撞撞奔向了大海
有的遍体鳞伤，死在荒漠

很多不如意来临，人们首先想到如果
最后沦陷在没有可能的泥淖里——中年之境
爱或不爱已经无所谓
经历那么多风霜，难道还渴望爱

白天和黑夜之间，不一定相互刻骨铭心
但它们之间，肯定已经习惯日复一日
比邻而居。这个中年的白头男人，为挽留
不断掏出心肺，他已经为此疲惫不堪

我们是他忠实的朋友，我们举着酒杯
在他刚刚落脚的破房子里
热烈而高声地说着些遥远而又无比切近的话
但愿有一个词语
解开他的中年之围，但愿他阳光地回归我们的队伍

这些雨水

我一定在哪里见过它们，这些急切的雨水
哦，想起来了
那时候，我们在城的郊区漫步
你拉着我的手，示意我加快步伐。可是——
我们还是淋了一身的雨水

透过你的秀发，我看着远处的青山

漫漫无边的绿色里，升起白白的雾气……
我的心暂时偏离了你的眼睛
我想象着温暖的炉火，宽敞的小屋
我们在那里早起劳作，晚归看星星

有一颗石头，常年居住在我的心里。想你的日子
它一点一点地长大，终于差点撑破肝胆
你从远方捎来声音。苦难遍布的世界
转瞬之间就没有黑色的影子……反复啜饮
反复舔舐孤寂爬满的伤口，苦涩的茶尝出甜的滋味

现在这些熟悉的雨水踏步而来。夜已经很深
我刚刚走过桥头
大街上空无一物，我想转身就逃
它们的冰凉却和我的早就融合在一起，要知道
它们从你那里来，它们带着你的体温

梳妆台

我的乡亲远在乡下，他们个个是天生的化妆师
阳光温暖，万里的蔚蓝向天空铺展。转眼几年过去了
再转眼，又是几年。那些当初驰骋疆场的庄稼人
一下子露出白色的胡须，白色的头发，深沟的皱纹……
大地是他们的梳妆台，日复一日，代复一代
乡亲们自个儿化着妆。历经千年，大地之心依旧热血滚动
而我那些曾经活力四射的亲人们，波浪般拔高
又低下身子，永远地住进泥土。在个人命运的早些年
我发现了这个惊人的秘密，我开始醉心于梳妆台
沉溺于生活剧。我将爱，有生之年

犬吠声

凌晨三点，奔波者扶着月光回家
稀疏的星星整体向西
小小的山村寂静如沉默的海洋
帆船归港，鸥鸟收起翅膀
他伸出两只手，躬身片刻，把两只裤管慢慢放下
再胡乱地清洗脸上的尘土
夜深了，这个时候，醒着的只有他一个人
盆里的水光冰凉
他关上大门，坐在院子里抽了两支烟
几米外的棕色狼犬，眼里泛着金色的光
它摇动着尾巴，低沉地叫了几声
便爬在平坦的地上，看着他。多少岁月
两个生灵相遇在夜间，多少年来
很少有人关心他的活计，念及他的下落
摸着熟悉的犬吠声，他决定忘记孤苦
明天的太阳照常升起，他决定安静入睡

自适帖

把身体丢给黑夜，丢给小路宽敞的西河岸
如动力十足的马车
冲向视野的尽头处。若看见迎面有人走来
便急忙低下小小的头颅，或者凝视
高处雪亮的灯盏。不再与不相干的人认识
不再与知根知底的熟人
持续结怨。抬头，他们就会看见我踽踽而行
低头，他们就会忘记我的影子……

——很多人，嘴里念着心经
——很多人，深埋着大悲咒
而我，恰好不是很多人。在苍茫的人世间
历经无数次脱胎换骨，终于修得自我照见自我的从容

落日下的叫魂

落日下，翁丁村的草屋飞起白色的烟雾
一年中的一天，即将在循环往复中结束
那个上了年纪的佤族老人，肤色黝黑
两眼深邃。他的双手捧着丰富的贡品
先后朝着东方、西方、南方、北方
高声地呼喊：“流浪的魂归来，丢失的魂归来。”
“不要冷着饿着，不要颠沛流离。”
“快快回来，翻过山，跨过水，回来，回来。”
老人这样子重复着持续了许久
在夜幕落下之前，他匆忙地赶回到了布满等待的房屋
鼓足了劲的寒风和冷月，今年今月今日——
没有砸碎谁的骨头，分裂谁的心脏，溃败谁的小家

叫魂经

魂兮，回来。魄兮，回来。
回来，回来——跋山涉水，翻山越岭
不管月亮的阴晴圆缺
不管雨水连连，白雾茫茫……
想你想得太久
念你念得梦儿发瘦。还有什么是美好的
还有什么是甜蜜的

早晨和夕阳只是一念之间的距离
只是度日如年
魂兮，回来。魄兮，回来。
如闪电一样，迅速地击打僵硬的身体
如雷声一样，沉重地敲开锈蚀的铁锁
不治之症，将治
死亡之躯，将活
回来，回来——再宽阔的世界
需要眼睛记录，需要脚印踩踏……
你们生来就不是死敌
你们行世必须合二为一

唤魂录

神啊，请保佑我们衣食无忧
神啊，请不要在此刻
掳走他的灵魂——我们以虔诚集体下跪
我们以头颅叩响大地的心门

***

一生里，想做一个人。一生里
灵魂总是在奔跑
游离身体，向着苍茫的四野奔波
尘世之人
困倦于形神分离。呼唤它——
让剑鞘合一

***

红色的公鸡，快把神请来
我们已经闭目祈祷——
我们想要一个美好的生活。而这里面
这个风霜之人
不能撒手而去。活着，才会越来越来饱满

***

蜡烛的火焰高高扬起。全寨的族人
来到年长者的身边——
万事暂时搁置，万物暂时不理会
我们只想留住一个人的灵魂

***

穿越黑暗。如果他能站在光明里
我们将倍加珍惜剩下的日子
更爱每一个生活的坎坷
更爱每一个道灿烂的彩虹。然后
一点一点地深刻，却从不言说

***

神啊，这阴阳的关口设置靠前——
那自然之象尚未到来，而是混乱迷离眼睛
神啊，请把他继续留在我们中间
他有水酒没有饮完
他有浓茶没有喝淡

彭飞 《朝圣》 水彩画 74cm × 54cm 2015 年

谁翻古滇凄凉曲

// 刘立云

刘立云，1954 年 12 月生于江西省井冈山市。1972 年 12 月参军。1978 年考入江西大学哲学系。1985 年调解放军文艺出版社工作，历任《解放军文艺》编辑部编辑、编辑部主任、主编，解放军出版社文艺图书编辑部主任，《诗刊》主编助理。出版诗集《红色沼泽》《黑罂粟》《沿火焰上升》《向天堂的蝴蝶》《烤蓝》《生命中最美的部分》《眼睛里有毒》；长篇纪实小说《瞳人》，长篇纪实文学《1949：净化大上海》《血满弓刀》《莫斯科落日》等十余部。曾获中宣部“五个一工程”奖、全军新作品特殊贡献奖、《诗刊》“2008 年度全国优秀诗人”奖、《人民文学》优秀作品奖、《十月》年度优秀作品奖、中国人民解放军图书奖、闻一多诗歌奖等奖项。诗集《烤蓝》获第五届鲁迅文学奖。

窗外阴沉沉，乌突突的，又一场重霾密不透风地笼罩我生活着的这座北方大城，听得见坚硬的水泥建筑和落叶纷飞的树木不堪重负，正发出咻咻的喘息。窗内，我用微信与刚从北京回到昆明的爱松，围绕他提交给“云南青年诗人2018北京研讨会”研讨的那首长诗展开交流。我问：诗里的那个“贮贝器”是个什么鬼？是古滇国青铜冶炼术中的一种器物吗？像不像欢乐谷中据说是史前亚特兰蒂斯时代遗落的那些有着巨大齿轮并笨重并长满红锈的机械？他说他没有去过欢乐谷，但贮贝器正是古滇国冶炼术中的器物，也是史前就有的东西，与我描述的欢乐谷亚特兰蒂斯时代遗落的那些有着巨大齿轮并笨重并长满红锈的机械不谋而合。接着，他发来一张昆明矗立在古滇文化广场上的仿制贮贝器照片。是一只巨大的具有原始图腾意味的圆桶状物体，果然也笨重，也长满铜锈，桶腰两边各有一只向上攀爬的老虎，顶端围一圈呈不同姿势站着三只长着恐怖弯角的公牛，中间一个金人骑在高头大马上。雕塑的名字就叫“金色骑马人”（又名“四牛鎏金骑士”）。我再问他诗中的“我”身上长着的那块来历不明的骨头，有没有英国现代小说家戈尔丁的长篇小说《蝇王》中那个牛头的意思？他马上说，他诗中这块骨头和《蝇王》中的牛头，是个绝妙的类比。然后夸赞我在研讨会上对他这首长诗的解读，思路新颖，丰厚的思想和敏锐的视角，已经把这首诗歌剖析开了。

此时此刻，为写作这篇评述性文字，我再一次在段爱松的长诗《命运曲》中跋涉。后来我才知道，这首由《Ⅰ隐忍》《Ⅱ飘荡》《Ⅲ啜饮》《Ⅳ异端》四个章节或片段组成的长诗，是他长达5000行的长诗《贮贝器》中的一节；而他的长诗《贮贝器》，又是他的长篇小说《金缕曲》中的一个重要组成部分。他之所以把这四个章节或片段单独抽出来，是这四个章节或片段担负着言说古滇国这片古老土地上的人们是如何繁衍和消亡的，可以独立成篇。应该提醒读者，段爱松在诗中像福克纳那样设置的那个邮票大小的“晋虚城南玄村”，与他的长篇小说《金缕曲》和长诗《贮贝器》中的故事发生地，是同一个地方。难怪从《金缕曲》和《贮贝器》中抽出来的这首诗，读起来有种断裂、闪烁、漂移和神龙见首不见尾的感觉。但是，当我弄懂段爱松雄心勃勃，也可以说是野心勃勃编织的这个宏伟蓝图并已基本付诸现实，我还是被他吓了一跳，为这个年轻人的坚定、果敢、决绝和初生牛犊不怕虎。因为我也是上过几年大学哲学系，啃过几年黑格尔的人。哲学的基本问题是什么？是以人作为一切社会关系的总和并从此为出发，不舍昼夜地追问人的秘密。哲学要回答的问题，无非是我是谁？我从哪里来？我要到哪里去？至今还算在文坛打江山的爱松，却眼见得提着小说和诗歌两把板斧，在哲学的大门口横冲直撞，对着这道在中国多少有些沉寂的大门大声叫阵了。

读段爱松这首《命运曲》，首先要找到他秘密安置的通往这首诗歌内部的几扇门，知道他设置这几扇门的用心。其实这几扇门，就是几个关键词，几个明显且突兀的重要意象。比如："我"、冶炼术、异变之骨、大乐队、时间世界等等。那么，"我"是谁？对这个，我们只要花一点时间读他的长篇小说《金缕曲》，就能找到他自己给出的答案："我只是一名隐者、菜农、屠夫、小生意人、逃亡者、罪犯……我就住在晋虚城南玄村，现在一文不名的村镇，却无时无刻不幻想着，地底下埋葬着一个国家的兵马。"就是说，"我"是来自古滇国遗留下来的晋虚城南玄村的一个有血有肉的俗人；再问"我"是男人还是女人，从事什么职业，有多大岁数，是否至今还活着，还将活多久，等等，这些恕不奉告。因为它们都不重要。重要的是古滇国不存在了，消亡了，"我"一直记得"我"是一个有故乡的人，一直想着一个国家的兵马埋在"我"现在仍住着的晋虚城的地下；"冶炼术"当然就是史前古滇国一种冶炼青铜的技艺，它创造了这片土地灿烂悠久的历史和文化，矗立在古滇文化广场的贮贝器就是见证；而"异变之骨"，是"我"身上的一块说不清也道不明的骨头，它孕育了《命运曲》中四个怪异的还未诞生就胎死腹中的孩子。这里所谓的异变，是指生命内部有悖于正常繁衍秩序的变化。天长日久，年复一年，这种变化导致人成为非人，健康的人成为病态的人，以至失去出生的权利和机会。"我"就因为"担心自己的那块骨骼，／在众多完整的骨骼结构中，／成为一个异端"，长年提心吊胆，惶惶不可终日。从文本上说，这块异变之骨，是长诗《命运曲》乃至段爱松整个以晋虚城南玄村为视点的创作工程的基石和核心。缺失这块基石和核心，一座大厦就倾斜和倒塌；语义模糊的"大乐队"包括了更多的内容，具有更广泛的指向，它既可以是庞大，坚硬，相对于安静地躺在母腹中的孩子而存在的物质世界，也可以是搭载一些人又扔下一些人，一路横蛮，粗暴，轰轰隆隆，谁也不能抗拒它前行的历史进程，还可以是人类的野蛮、残暴、惰性，明知故犯的错误和恶习，内心的阴险、狡诈、黑暗和沉沦。因为大乐队"波动的旋律，预测到了风速变化着的力量／这是时间最为犀利的刃口／乐曲的变奏，最终难免沦为／一块块'嚯嚯'发声的磨刀条板石"；而"时间世界"是对西方现代哲学有关时间概念的化用，具体地说，指时间既有长度也有宽度，既存在一维性，又存在多维性；人类的活剧，一方面在时间的长河里延伸，一方面在时间立体呈现的场域里展开。那辆有着“发动机、喇叭、齿轮、制动、雨刮……”也即冰冷钢铁的公交车，是诗人赋予“时间世界”的一个看得见又摸得着的具象，这辆公交车装满咬牙切齿的旅客，他们已经无法控制“脚下的位移，手上脖颈上晃动的物件，／衣裤相互摩擦的窸窣”，谁也不知道“这车开往何方？／你又在哪里下车？”但“我”清楚地感觉到这辆“公交车驶过了／那个站牌，但并没有停下。／它一直顺着我被麻痹的骨骼碾压。／那些死亡之音，又一次发出了声”。那些歇斯底里的呼救声，“一个个被轮胎压爆”。

破译了“我”、冶炼术、异变之术、大乐队和时间世界这几个在《命运曲》中肩负重任的词，如同在模糊的影像中调准了焦距，原本显得虚幻、闪烁和漂浮的诗意，一下子变得稳定了，清晰了：原来，段爱松是在为消失在历史长河中的古滇国唱一首挽歌。在诗人看来，古滇国的毁灭，从它燃起熊熊烈火开始炼铜炼铁之日，就拉开了序幕。这些得意忘形其实很愚蠢的人，自认为是万物之灵，他们拦截河流，砍伐森林，劈开山峦，烧毁草原；他们大兴土木，兴师动众地炼铜，炼铁，炼丹；他们欲壑难填，吃山林的野兽，河里的鱼，天上的飞鸟，田野里的虫子；他们发动战争，互相残杀、掠夺、踩踏、蹂躏……就这样，一朝一朝，一代一代，为争权夺势杀得昏天黑地，血流成河，砍头如同风吹帽。想不到，接踵而来的，是土地荒芜，火山爆发，海水倒灌，地震频仍，山岩崩塌，大地上飞沙走石，满目疮痍……不过，这些都是看得见的，还有看不见的，那便是现代工业和农业带来的所谓现代文明，比如化学品和塑料的滥用，工厂大量排出含有剧毒的废烟、废水，道路旁和田野里满目飘着几百年不被吸收的白色塑料袋；农民频繁使用杀虫剂、除草剂、灭蚊剂、毒鼠剂等各种含毒的农药，在杀灭害虫、杂草的同时，也使重金属和其他有毒有害物质深入土壤、水源以及蔓延到水果、蔬菜等其他农作物的内部，再吃进生活在这片土地上的人们的肚子里。正像段爱松在诗里痛心疾首地哀叹：“令我深深忧虑的是，／身上那块变异之骨，是否还能承受得起，／这颗砰砰而动的心脏。／它在风中夹杂的废气、毒尘、灰霾、败叶、枯枝……／的侵蚀下，已经把乐曲中的音，变得坚硬刺鼻，／以至于，这个孩子的心跳声，／也磨得尖利而决绝了”——请注意，这里的“我”，既是从晋虚城南玄村走来的“我”，也是生活在当下的每一个人。他身上的那块“变异之骨”，不可思议地生长在我们每一个人身上。诗中的“这个孩子”，我们既可以理解为抽象的人，还未来到这个世界就已经夭折的人，也可以理解为我们怀抱的理想、希望和未来，但它们已经显得悬疑、茫然和岌岌可危。诗人把这一节命名为《飘荡》，意思是说，我们生活在当下，其实每个人的身上都长着这样的一块“变异之骨”，虽然像古滇国消亡那样的末日还没有来临，但我们从一个个死去的孩子身上，已经找到了“传承基因中，自己变异的可能和证据”。

是这样，变异之骨的出现，来自人类传承基因的被扭曲、被侵占和最终的异化和断裂！正因为如此，“时间世界被大乐队一再／演奏着的乐章，／却被骨骼封闭了发声，／转而成为一桌，／人人可以随意分享的饕餮盛宴”。而那些先后因基因变异死去的孩子，此时“俨然成为这场筵席，／意念上的发起者。在晋虚城／日渐繁华的饮食街道两旁，这个孩子尾随着我，／寻找一个个，等待青铜利刃舔舐的目标。／就像一件件乐器，借助月亮，／找寻着它们奏响很久的音符”。

想想吧，这是一种多么恐怖，多么凄凉的景象：有如乐器吹奏的音符再也回不到乐器里，因传承基因的异变而死去的孩子，再也不能来到人世间。它们的魂灵，只能跟随“我”去晋虚城看那些仍在暴殄天物的人们，怎样继续成为被“青铜利刃舔舐的目标”……

就像讲述一个寓言，面对我们生活的这个众生颠倒的星球，段爱松不无忧虑地告诉人们：灾难正通过无法逃避的基因深入我们的骨骼，虽然还没有到病入膏肓的时候，但如果我们不引起警惕，基因异变就会像毁灭古滇国一样，毁灭我们这个看上去繁华的欣欣向荣的世界。而你听，“大乐队的演奏，／已经像是晋虚城古老送葬队伍，／临坡而立，等待着亡魂，／从每个人的头顶上踩踏而渡”。

写到此，我必须强调指出，段爱松这首《命运曲》的现代性和启示性，是那样的鲜明，那样的尖锐。当我们剥开它艰涩的意象、深奥而偏僻的语词后看到的世界，是这样的触目惊心，这样的惨不忍睹。我想，一首诗能涉及这么重大的问题，达到这样的深度，得益于诗歌的现代性，也得益于现代哲学的思辨力。

从时代与诗人贴近时代的姿态看《命运曲》，我觉得这是段爱松大胆并具有先锋意味的一次写作历险，而且是有使命感、有责任担当的一次历险。一个不争的事实是，我们共同经历的中国改革开放四十年，让我们这个古老的国家令人惊奇地走入了现代强国的行列。与此相适应，我们也应该积极推进诗歌的现代化进程。不回避社会深层次矛盾，勇敢揭示中国走向现代化历程中所遭遇的冲突和窘迫，是我们每个诗人应该主动接受的挑战，也是我们突破碎片化和同质化写作瓶颈而必然走通的方向和路径。正是站在这样的立场上，我感到尽管爱松的这部长诗还存在意象生硬和对西方现代文学的模仿食古不化等缺陷，但我们仍然有理由为他这样的年轻诗人主动选择如此有难度、有抱负的写作，摇旗呐喊，推波助澜。

彭飞 《夜空》 水彩画 74cm×54cm 2018 年

命运曲（节选）

// 爱松

爱松，本名段爱松，1977年10月出生，云南昆明晋宁人，中国作家协会会员，曾就读鲁院高研班。出版诗集《巫辞》《弦上月光》《在漫长的旅途中》《天上元阳》，长篇小说《金缕曲》，长篇纪实文学《云南有个郑家庄》等。

| 隐忍

孩子在低声部的心跳声，
比乐曲高声部，特意融合掩饰的
明亮音色，更显得突兀与焦虑。
我已然忘却，自己曾经是怎样，
被一道肉体嘶喊的炸裂生产出来，
并在众多声音混杂的世界中，
保持住出生时，
独立的安静与隐忍。
可这孩子，
有那么幸运吗？

乐曲强烈的重音敲击，
和金属利刃解析、驱赶尘世肉身与亡灵，
如出一辙。毫不费力的利索动作，
在乐曲的过门衔接上，
被大乐队演绎得天衣无缝。

我惊讶于
世界众多喧嚣，
对于演奏纯洁性的侵蚀。

孩子最先在我的骨骼中，
锤炼自己的听觉。
我将耳根与时间世界的
发音器串接。
乐曲中对位法应用的奥妙，
全在于此。

和声原则，在纷乱的自然界，
无所不在，却又处处受到干扰。
我担心自己的那块骨骼，
在众多完整的骨骼结构中，
成为一个异端。
我尚不清楚，这块介乎于
液态和固态的金属，需要怎样的冶炼，
才能够成为，时间将家族
代代延续的骨种。

定音鼓执拗的追随，
并不能影响到弦乐、管乐
各行其是的自由演奏。
我一厢情愿的固守，
会不会成为，
时间流动中的一个笑柄呢？

坚硬的骨骼，
还是适当而巧妙地阻隔了，
血与肉之间的交换。
我的听力，因此受到了干扰与限制。
遗传基因的缺陷，在乐曲略带感伤的
洪亮合奏中，犹如一条软骨被时光刺穿，
不可避免暴露出了
金属的硬度与光泽。

这是
恶意欺骗的

假象之一。

乐曲在一辆公交车上，驱动行走。
繁乱的声音，完全掩盖了大乐队
精湛的演奏技术。
发动机、喇叭、齿轮、制动、雨刮……
这之中的旅客们，牙齿的咬动，
脚下的位移，手上脖颈上晃动的物件，
衣裤相互摩擦的窸窣……只有你的心跳
是安静的，孩子。

大乐队的演奏，
发自那里？
这车开往何方？
你又要在哪里下去？

我在混乱的人间之音里，
试图找到答案。
你把我那块突兀的骨头，弄得酥痒难耐。
我听到了它存在的形状了，
孩子。不是看到，
我的眼睛，被固态和液态储满了。
所以我听到了它，
知道它尖尖竖立，究竟
属于什么呢？

音符并没有随着
大乐队激情的演奏，活力四射。
相反，它冷却了、凝固了，

并与演奏者，拉开了一个生死距离。
公共汽车停靠了，一站又一站。
我知道，你一直想听到，
那个期待的站牌，在风中发出
亲昵而欢快的唱词。

你是不是已经厌倦了，
大乐队无休止的演奏呢？
你的指挥棒，在你越来越激烈的
心跳声中，掉落了吗？
这些死亡的音符，
覆盖住我的那块骨骼。
它们顶着青幽的锋芒，
像是在做一次深度麻醉。

我感觉到，公交车驶过了
那个站牌，但并没有停下。
它一直顺着我被麻痹的骨骼碾压。
那些死亡之音，又一次发出了声。

这些歇斯底里呼救的声音，
一个个被轮胎压爆。
我以为你就要出世了，
孩子。
这些被压爆的声音多么响亮，
超过了大乐队，以往任何一次演奏；
我以为你，就藏在这些
破裂的音符中，孩子。
只是你心跳的回音，

是不是遗落在了，
那个没有停靠的站牌，
尖尖的、
错误的指向上了呢?

Ⅱ 飘荡

音符随着风，
飘荡在老屋上空。

小提琴、中提琴、大提琴、低音提琴，
顺着老屋的轮廓，重新拉响了，
各个声部的沉郁之音。
这些乐音排列出的立体线条，
被我嗅闻着。

第二个生命的零星气息，
时起时落，在我腐损的那块骨头上，
渐渐麇集。我害怕它们
构建的心跳中，隐藏着第一个消亡生命，
似曾相识的、哪怕一丝一毫的
发声方式。

老屋的静止，
和心跳的静止中间，
隔着什么呢?
我只能依赖风，
来打开这层困惑我许久的
混沌之音。

大乐队铺陈的演奏风格，激起了我，
对于宏伟构造之物的怀疑。
没有哪一种构建，能够在风的吹拂下，
趋于不朽。乐曲无休止进行的回旋，
也无法在风的吹解中，保持足够的音准与时值。
波动的旋律，预测到了风速变化着的力量，
这是时间最为犀利的刃口。
乐曲的变奏，最终难免沦为，
一块块“嚯嚯”发声的磨刀条板石。

风中飘散着第二轮生命的症候。
它在乐曲的中间行进部分，发出过
坚挺的呼喊之声。这些被冶炼术
分解的青铜碎片，沾满了冶炼术繁复的咒符，
朝着我那块，几乎被上一个公交站牌尖尖指向，
斩断铲平的变异之骨，吹了过来。
我闻见新鲜血肉在乐曲中，
凝聚成形的响动与锋芒。

我的嗅觉
在风的吹散与磨削中，
获得了
沉淀之后的坚实之音。

这是大乐队整体行进的盾构。
孩子纯净的心跳，再一次通过定音鼓，
抵达旋律的颤动中。
我闻到了大不相同的新鲜气息。

另一个全然不同的生命，
在前一个遭受损坏消亡之后，
悄然而至了。

带着对逝去生命忏悔的罪孽感，
我仍然感觉到了，
恐慌带来的极度迫压。
我想通过对乐曲曲式的剖析，
找到第一和第二个孩子之间，
传承基因中，自己变异的可能和证据。
然而，风，成为既造就再生，
又摧毁存在的主宰。
依靠速度变化的乐曲，
也在鼓号齐鸣的击打吹奏下，
它获得了生命新的动能。

第二个孩子的心跳，
漫过了
我刚刚走神的嗅觉。

我
提高了警醒。

我那块异化的骨骼基座上，
发出了音符连续复奏，
疲惫不堪的拖沓困顿。
这个突然而至的心跳声，
加重了乐曲演奏的力道，
也加快了晋虚城老屋上空，

混杂气味的累积。

令我深感忧虑的是，
身上那块变异之骨，是否还能承受得起，
这颗砰砰而动的心脏。
它在风中夹杂的废气、毒尘、灰霾、败叶、枯枝……
的侵蚀下，已经把乐曲中的音，变得坚硬刺鼻，
以至于，这个孩子的心跳声，
也被磨得尖利而决绝了。

音符，
还是洞穿了这块骨骼。
第二个生命，
在心脏跳动的异常中，
被这股力量扼息。

这个孩子，在大乐队的演奏声中，
留下青铜打磨般的硬朗。
只是在乐曲的短暂休止之后，
我那块不屈不挠的骨头缝深处，
像墓地一样，尽管沉默
很长一段时间，却依然渴望着，
被新的跳动浇灌，
和再次埋葬。

III 啜饮

单簧管和长笛，
是制造水和食物的绝妙源头。

大乐队饥渴的演奏，
在它们的发声下，
得到满足和延续。

我这块骨骼第三次隆起时，
发出过旋律在晋虚城南玄村老屋，
啜饮和进食般快慰的声音。
那并不是我的幻觉，而是我内心，
极度渴望的发声方式。

我趴在
一座青铜贮贝器上
良久。

我似乎进入过器皿上，
那个古旧隐秘的锁孔。
我想，有时候，
也许自己就是一把钥匙。
但是我记不得，
我是否能够在锁孔里面转动。
乐曲旋律中，平直铺叙的演奏方式，
让我有些厌倦。
我渴望那个锁孔中，金黄的圣水，
能注入到二度死去骨骼的内腔，
里面停放着，
我第一和第二个孩子的喘息。

乐曲旋律行进的内部，
隐藏着更为浩大的沉默声部。

我不知道，这个奇怪的感觉，
是不是来自我那块变异的骨骼。
它总是在乐曲演奏结束之后，
才发出令我战栗的共鸣。
仿佛它在与什么隐秘的事物，
激烈对话。

就在此时，我的记忆，
忽而被时间封闭，忽而被空间打开。
晋虚城远古浩渺的大泽之水，在这块骨骼里，
暗暗涌动；晋虚城鱼虫鸟兽，也在这块骨骼里，
嘶鸣穿行。我感觉到了深深的恐惧。
我感觉到一种尚未出世，却已死去了的亡灵，
睁得大大的眼睛。又饥又渴的意念，
顺着骨骼内壁，来回滑动，
发出大乐队许多年前，
就已经演奏过的消亡之音。

乐音，
第一次弥漫出，
青铜被冶炼时，
金属的异香。

这种味道，
并不能通过嗅觉抵达神经深处。
我的那块骨骼和我的嘴巴，
同时在演奏会上，品尝到
弓弦乐、木铜管、鼓号制造的美味。
当我的意识，已经被第三种

渐渐强烈搏动的心跳，完全占据时，
这个尚未成形的孩子的味觉，
意外地把我作为青铜贮贝器上，
祭祀受难者几千年的姿势蚕食。

乐曲内部来势汹汹的沉默之音，
在我异化的骨骼内腔，
进行着更为盛大的
一场现场交响。

时间世界被大乐队一再
演奏着的乐章，
却被骨骼封闭了发声，
转而成为一桌，
人人可以随意分享的饕餮盛宴。

我骨骼上的孩子，俨然成为这场筵席，
意念上的发起者。在晋虚城
日渐繁华的饮食街道两旁，这个孩子尾随着我，
寻找一个个，等待青铜利刃舔舐的目标。
就像一件件乐器，借助月光，
找寻着它们奏响很久的音符。

骨骼内腔贮满的流动，
没有顺着时间而晃荡。
它被大乐队，沉稳的演奏凝固成形。
一面面镜子般透亮的青铜汁液，
在几千年前，古滇冶炼术的铸造下，
完整无缺地，深埋在石寨山地下宫殿。

这些凝固在时间世界的液体，
一度成为大乐队，
地下影像的纪录者。

这些被古滇巫术之源储满的镜面，
在大乐队的演奏下，
发出谶语符咒变幻的魅影鬼瞳。
它们驱使着，第三个孩子
尚未成形的心跳，
啃噬我变形已久的异骨。

在这块经历第三次
由生入死的骨骼内腔，
这个孩子的心跳和乐曲的旋律，
一直响个不停。
就像晋虚城饮食街道上，
那些吧嗒吧嗒的嘴巴，不停咀嚼。
没有哪一种食物，比骨骼腔内的音符，
更加美味；也没有哪一个孩子，
比第三个孩子，更忠实于自己肉身，
最原始的虚拟存活。

IV 异端

我碰触到自己的
异端之骨。

音符纷纷朝后倾倒，
乐曲因为忤逆时间的流动，

呈现出奇幻的音墙。
青铜镜面，折射出音符带着箭镞一样的尾巴，
拥簇着、爬过这道彩色的障碍。
我碰触到的骨骼，
在瞬间被大乐队的演奏分解。

这些骨末骨粉，
追随着旋律，
在我体内侵入记忆。

三个死去的孩子，在喧闹的
肉身世界中，放声哭泣。
我在哭声中，判断死亡背后，
三个小小肉体的形状。
如果这三个孩子当初幸运出生，
那么，我是否一定会将
三件不同的乐器，放置在大乐队中：
第一件，放在提琴的弦孔里；
第二件，放在管乐被吹奏的气流中；
第三件，自然放在打击乐，
沉闷的低音节拍上。

我不大明白，自己为什么要这么做。
我碰触到的骨骼，
仍然在我身体的隐秘部位发胀。
我伸出手，并不能摸到这个梦中，
混乱的意识和响动。
而大乐队的演奏，
已经像是晋虚城古老送葬队伍，

临坡而立，等待着亡魂，
从每个人的头顶上踩踏而渡。

第四个声部在乐曲中，
制造出步步紧逼的律动。
我分不清楚，它究竟来自弦乐，
还是木管；鼓击，抑或铜管。
交错而散乱的音符，相互碰撞。
我没有感觉到，疼痛带来的不快。
那块多出来的骨骼，依然虚幻地
存在于我身体某个位置。
我仍然可以触碰到它，
被乐曲分解前，所有的记忆。

我很想知道，
它，究竟会是
谁？

第四次出现心跳的征兆，
并非源自我自以为是的存活。
变异之骨，既然已经碎裂，
它的出现，多少让人生疑。

大乐队无休止演奏，
成为我理想中，
时间世界一直存在的
最佳例证。
第四次心跳，
无疑也是第四个孩子，

姗姗来迟的信号。

乐曲慢了下来，
它似乎意识到我在等待；
它似乎为了我的等待，
特意在紧张的猜疑和探寻中，
将自己放松弛下来。
长笛和单簧管，
再次把我的等待，
引向一个家族，
往返跋涉的漫漫路途。

让我意外的是，旋律并没有
朝着正前方行进。
它似乎遇到了某种艰难处境，
挣扎之音，交替切分而出，
坠向晋虚城南玄村老屋。

这和家族回归的目的地一致。
音符开始成对成对出现，
让我以为，期待许久的第四声心跳，
会在此刻，不失时机地降临生发而出。
我的肉身，又因为即将莫名
实现的愿望，而颤动起来。

第四个孩子，
似乎在我所有的骨骼构架中，
跃跃欲试。
乐曲顿挫的音连，

并不能阻止我对第四声心跳的渴求。
在丧失三颗心跳之后，
作为一个伪父亲的伤痛与羞愧，
死死扣住了
旋律顿挫的消散感。

大乐队在时间世界演奏的谢幕，
仍然等待这颗心跳延续。
我也不可避免陷入到，
旋律逐渐产生严肃对位的合奏中。

我发现，在起伏难平的肉身里，
没有哪一个心跳，能够逃脱
被音符剥离了的骨骼；
也没有哪一个音符，
能够继续被心跳，卸下了的骨骼。
只有这个尚未醒来的梦境，
拨动着我对晋虚城，
一切想象的附音合拍。

可惜，
我苦苦期待的第四声，
并没有在我的心跳里，
发出过一丝一毫，
对一个古老家族消亡，
青幽的触动。

V 追赶

一直不停追赶着
姐姐的阴暗音符，
在家族的迁徙途中，
被夕阳映照得金黄透红。

“前十六”紧凑旋律的行进，
属于古滇冶炼术中，极少见的规则运用。
青铜贮贝器对于这种急功近利的节奏方式，
也并非心存善意。
它们在石寨山地底，
顺着身上镌刻的古滇太阳纹收拢。
黑暗的地底即刻被拉伸，这多少影响到了
空气的密度。有时候，
它们竟然会飘荡悬浮起来。

大乐队在短暂音符小节的狂欢方式下，
暴露出各个乐器演奏的弱点。
这和家族往返逃避灾祸的信念与行径，
不谋而合。
只是夕阳投下那么多的影子中，
有一个，始终在家族内部游荡。
它试图接近姐姐，又从不肯停下
匆匆赶路的脚步。

它，
一直在家族的前方引领。
姐姐察觉到了危险，

但她无法开口。

她的影子像被夕阳烧着般，透红得
发黄、发蓝。她和我一样，都被一堆堆
紧迫音符，散发出来的无形火焰挟裹。
但我们都无法证明，这些疲于奔命的音符，
正在返回故乡的路上，如夕阳投下的纹路咒符，
紧随其身之后，各自命运的关联与归属。
就像贮贝器，无法证明地底黑暗究竟会造成
什么样的结果般，一路上，沉默，
阻隔了那个影子，被夕阳拉长的欲望。

让姐姐开口说话，不仅是那个影子
渴望得到的结果，也是我真正了解这个家族，
往返逃亡意义所在的一个口子。
当然，我不能像姐姐那样，
保持自己与影子的足够距离。
我的手，被死死拽着。
我不知道牵着我手的人，和那个在前面一直引导
家族前进的影子，会有什么牵绊。
我只是想知道，姐姐在一个家族的行走中，
如果已丧失了母亲，该是多么的危险。

梦境给予了我怀疑的些许勇气。
乐曲中，长笛窜入的旋律，
加重了我的猜疑。
我觉得没有哪一双手，能够像大乐队中的
长笛一样，具有无限延伸的可能；
也没有哪一个音符，能像长笛吹奏的旋律一样，

既在大乐队中悠悠畅响，又在逃亡的途中，
饱受吹奏者作为人的欲望之苦。

强烈的顿奏，
令乐曲呈现恢宏气势下
阻滞的力量。
这个影子，
在一个黄昏金灿灿的映照下，
暂时停了下来。

青铜贮贝器重见天日的光辉，
藏在大乐队积蓄的力量，
奋起一发的合奏瞬间。
我的手，获得了像乐队成员一样，
演奏的短暂自由。
姐姐一直沉默的嘴巴，
依然保持着沉默。
一些类似于嘶喊的喑哑，
却在乐曲光辉的行进下潜行。

它们
会是些什么呢？

我在梦幻般的自行挣脱下，
听到姐姐的身体，发出来
如亡灵一般的呻吟。那是贮贝器上，
作为祭祀的一种进献。
姐姐的身体，
在另一个如同亡灵浊重的喘息下，

完成了我对于梦幻般乐曲尾声部，
另一番祭祀。

家族最前面引领的影子，
投下了另一个
影子中的影子。

这是我获得手的自由之后，
旋律发出如同姐姐身体一样，
光滑乐句连接，给予我的启示；
也是姐姐在回旋的乐曲中，
被这个重新获得重量的重影，
打开着苦痛之门消解的距离。
这个距离，
曾经造成了我母亲的死去，
现在，又延伸着音符，
继续随之消亡的意义。

这一路上，
我多想把这双小手，
这双空出来的小手，
伸向她，我的姐姐。

VI 影子

老屋在月光下的投影，
常常让我在多年之后，仍然想起，
家族抵达晋虚城南玄村的那个夜晚。
姐姐哭泣的声音，在月光的

照耀下，发出金属撞击后，
令人怀疑的沉默。

黑夜特意要掩盖的，乐曲
正试图冲破。
旋律是不是白色的，
我不知道，但是姐姐的眼泪
浸入其中。它在青幽的
泡沫中挣扎，那是古滇冶炼术，
被掏空的一部分。

老屋在月光下浮动，
整个家族，并不知道姐姐的哭泣。
只有影子，老屋的影子，
和另一个躲藏在老屋里的影子，
秘密交谈着。
它们所能理解的痛苦，
全藏在月光的流动下。

整晚的睡眠，
并不能够改变
老屋，
被月光植入的响动。

姐姐一遍又一遍，
在老屋的天井一角回忆。
月光托起的寒意，在旋律中
不紧不慢对话的乐器之间游荡。
姐姐咬紧的嘴唇，冒出新鲜的、

刚刚死去了的音符。
这些音符，在家族返回来的道路上，
发出过致命的呼救之声。

影子，
再次覆盖了，
这些一无所依的旋律。
呼喊，像一幕哑剧，
被切割下来的瞬间，
再次落在了姐姐脚下。

月光把老屋的影子，
搬离了姐姐四周，
对话着的音符，
开始
针锋相对。

旋律在月光下，
进行着交战般激烈的时间转换。
姐姐一定是察觉到了点什么。
她迈开了整个夜晚，
一动不动状态下的第一步。

月光
随即静止下来。

老屋里的流动，
发出刚刚过去时间里，
所经过的细微沙沙声。

那个影子，极力想寻找到
姐姐的位置。
不知道从哪里，
不知道从何时，
它又偷偷溜出来了。

姐姐加快了脚步。
月光在乐曲中，不自觉显露出
不安的跳跃。老屋的影子，
被月光挤进了旋律的焦躁中，
成为莫名被亡灵们，赞颂着的坚实之物。
姐姐走得更快了。她知道，
月光如果一直就这么明晃晃地，
呛着眼睛的话，瞳孔也会倒回白色，
变成在时间世界流动的衰退征兆。

那个影子不慌不忙，极富耐心。
它并没有去忙着一路尾随姐姐。
它一定知道，还有另外一条路，
姐姐待会儿的必经之途。
它在暗自得意中，泄露了
音符潜伏在旋律中，
突然爆破的畅快与欢欣。

“嗖”的一下，
它，滑出了
月色，
夜晚更加漆黑了。

老屋被月光剥离的影子，
成为姐姐逃离时的一个向导。
她并不知道，这个随着月光
变化的指引，其实是月光在旋律中，
真正的发声；她更不知道，
这个影子里，隐藏着的另一个影子，
在旋律的发声中，饱食情欲。

姐姐的影子，
绊倒在两个影子在乐曲中，
设下的埋伏与坎坎。
她始终没有弄明白，
月光在一间空旷了那么久的老屋里，
渗漏过什么？
又将等待着什么？

这些轻盈而朦胧的音符，
一个接一个，灌进了
她身体内的影子里；
而她，则在那个
等候多时的影子中，
拼着肉身，继续挣扎着，
被旋律触动了的月光。

每一个生命都是独特的

——读阿卓务林的诗

// 谷禾

谷禾，诗歌和其他文字写作者。1967年出生于河南农村。20世纪90年代初开始写诗并发表作品，著有诗集《飘雪的阳光》《纪事诗》《大海不这么想》《鲜花宁静》和小说集《爱到尽头》等多种。有作品入选数十种选本并译介到海外。曾获"华文青年诗人奖"、《诗选刊》最佳诗人奖、"扬子江诗学奖"、"《芳草》汉语诗歌双年十佳"等奖项。现供职于某大型期刊。

很高兴参加这次云南青年诗人研讨会。对我来说，云南不仅是外省，更是诗和远方。在这片人神共居的神奇土地上，活跃着一大批优秀的青年诗人，耳熟能详的就有王单单、祝立根、影白、尹马、张翔武、胡正刚、杨碧薇、张伟峰、爱松、铁柔、张雁超等等。他们生活在不同地方，书写风格也不尽相同，但无一例外都打上了云南这片土地的鲜明烙印，并彰显着前所未有的活力。作为同道和编辑，我也一直关注着这个写作群体的不断成长和突围。

这次研讨会分给我的阿卓务林是我平时关注相对较少的一位彝族青年诗人，但通过阅读他提交的短诗，我觉得对他已经不那么陌生了。另外，我也从他的简介里知道他在很多名刊都发表过作品，入选过许多选本，参加了第23届青春诗会，现在基层乡镇任职。换句话说，他不但有着足够的创作年龄，也长期和土地、乡村互相依存，不缺少技巧和写作资源。我对他作品的衡量标准也更应该是对一线诗人的标准。

阿卓务林提供的第一首诗叫《故乡》，很短。这首诗是这样写的：

故乡就在脚下
再怎么用力踩
它也不会喊疼
千百年来
它已经习惯了
我们的摔打

故乡有很多这样的人
他们习惯了苦和痛
无论穷到何等可怜的境地
照样谈笑风生
你很难从他们的身上
体验到生活的艰辛

这是一首泛口语诗吧。故乡不是人，当然不会喊疼，这里强调“他不会喊疼”，一个是和上一句“用力踩”构成呼应，也让后句的“摔打”顺理成章。这种拟人化的写法，语言很干净、很质朴，这是可贵之处。在第二节里，他转到了“这样的人”，一方水土养一方人。这样的人，就是他前边写出的“习惯了苦和痛”，习惯了贫穷的人。这首诗呈现的是故乡这个地方的生存状态，诗人很好地控制了他的情绪，他的酸楚、隐忍、悲悯、无奈，甚至对这片土地的爱等等复杂情绪，都在其中了，我觉得写得还不错。但另一方面我又不认为这是最佳的表达，尤其结尾，我觉得有点非诗化，概念化，甚至有点偷懒似的浅尝辄止。

我们说，诗歌是一束光，它要能够照亮读者的想象。而且诗歌这门艺术也不例外，诗歌是要用文学的手段去尝试厘清一个人与他者，与自然，与世界的关系的一个手段。这种关系既简单又复杂，它不是结论式。如果有结论，也应该是鲜活的过程。你写故乡的人，应该是这一个和另外一个，而不应该是他们，因为每一个生命都是独特的。

“谈笑风生”的每一个人都有不同的命运和遭际，他们“谈笑风生”的内涵也应该是不同的。你要穿过外在的表象，真正深入到他们内心中去。那样呈现出来的文本才是属于重要诗人独特的发现，才具有审美和社会价值。

有人呼吁诗人要少写，也有人主张多写。我觉得这里没有冲突，关键是要有感而发。这里的“感”特指里尔克的“经验”：经历和体验。这两个词我觉得太重要了。如此，你写出的文本要深思熟虑，要带着个人的体验和发现。有了诗人的发现，少就是多，没有发现，多就是少。

我再说第二首诗，这首诗叫《依佳拉达》。他写的是自己父母的出生地。他写他们与外界的隔绝，只讲了一个故事，一个美国佬进村，大部分人被吓得半死，慌着奔走相告，老者阿卓阿普则断定他不是上帝就是饿鬼，他的理由是他有着一张从没见过的苍白的脸。这首诗没有任何议论，一个鲜活的故事，这个村子里的人们的淳朴就写得跃然纸上，民族的东西在里面了，诗人个人的发现也在里面了。比起前边《故乡》要好很多。

我觉得对阿卓务林来说，你每天在你生活的土地上行走，但你不能停留在存在外，远远地看那里的人们，你需要走到村子里，走到那些最普通生命的心里去。这样才能写出穿透现实而到达真实的，真正有分量、有价值的作品。

《山歌王》，讲了一个故事。诗人对这个不苟言笑的山歌王做了特写镜头式的细致入微的描写，但一直到一个叫阿芝的姑娘从丝巾后盯着他，这首诗才活了。阿芝是新娘还是现场的某个姑娘，诗人没有说。也许是故意没有说，但这个人活了，这一首诗也成立了。

《沾亲带故的人》写的当然是诗人所熟悉的，所以他描述了这个群体人物的不同侧面，我看到的是他们的言行并没有与普通人有什么不同，最后却说，“与世界各地的人，没有本质的区别”，你究竟要说什么呢？是不是把“不同”归为同，或者写“同”的“不同”，才更具备合理性呢。一首诗要能够经得起细读。这很重要。

我开始时说了，这里我是以一线诗人或者资深青年诗人的标准来衡量阿卓务林的诗歌写作的。

我觉得他还可以在以下几个方面努力做得更好。1. 语言的选择和使用要更及物、更细节化，可以有意识地尝试陌生化的表达。2. 要扎根到生活深处去，向自己生活和工作的那一片土地深处掘进，去传递那一片土地上个体生命的律动。诗歌要呈现的，是他的生活，而不应是他们的生活。3. 舍得在一首诗上下功夫，去打磨它，完善它。要做芸芸众生中的一个，要有诗歌艺术的匠人精神。

如果这几方面都具备，阿卓务林是有诗歌才华的，是能够从现在的大家说起来名字熟知的诗人，真正成为一个有分量的重要诗人。

耳朵里的天堂

// 阿卓务林

阿卓务林，彝族，1976年秋生，云南宁蒗人。中国作家协会会员。参加诗刊社第23届“青春诗会”。出版诗集《耳朵里的天堂》《凉山雪》。曾获云南文艺基金奖、《边疆文学》奖、《云南日报》文学奖。

故乡

故乡就在脚下
再怎么用力踩
它也不会喊疼
千百年来
它已经习惯了
我们的摔打

故乡有很多这样的人
他们习惯了苦和痛
无论穷到何等可怜的境地
火光下，照样谈笑风生
仿佛除了简单欢喜
人间再无紧要事

这些习惯了忍受的人
没遮拦的笑容
是他们古老的隐身衣
紧裹着他们
走过春夏和秋冬
你很难从他们的身上
体验到生活的艰辛

耳朵里的天堂

那个孤苦的哑巴
漠然独坐在门前古松下
一脸的庄重

好像有一道命令
比他的心更固执

他的嘴唇喃喃嚅动
如一只震腹而歌的青蛙
腮帮子一鼓一鼓的
似乎有一打话
在他的脑门挣扎

但他始终不肯打开
话语的城门
似乎有一尊佛
让他宁可背叛自己
也不敢泄露天机

他那左手捂住右耳的姿势
叫人怀疑，他是在用一只手
塞住一只耳朵里的人世
用另一只手
打开另一只耳朵里的天堂

苦荞花

苦荞花开，一亩又一亩
这是夏天，早开的花早谢了
晚开的花，晚着呢
我骑马从旁路过
想起春天，想起一种美
想起一个朝代丰满的女人

而一位农妇的眼光更毒
她像一位望穿历史的祭司
从苦荞花身上，望见了种子
从种子身上，望见了马群
一声冰雹大的轻雷响自远山
我和那位农妇不约抬头
一时的大意，我们竟忘了天上
掌管风雨的那尊神
它可是握有举足轻重的一票
苦荞花能不能磨出农民的粮食
有时候，只有它说了
才算数

西朵拉达 *

荞麦金黄，果实充满阳光
耳熟的山歌飘自远山
落进心田，有如天籁般酥甜
亲人的音信翻越火塘
抵达彼岸，不受污染地干净
是哪一朵白云驮来的母语啊
那么标准的乡音，让故乡的雨
溢出一个男人的眼眶

待我对月把酒，欲泪还羞
一列火车从西朵拉达驶过
穿透秋风，穿透夜色
穿透北部方言颤音的源头
我本该不是客人

却胜似客人
下一站，应该叫宁蒗
家谱是你千年的餐券
彝语是你万年的船票

*西朵拉达：彝语地名，即四川喜德县，现代标准彝语发源地。

倔强的河流

这条河流
从我出生那天以前的以前
已经在倔强地流淌了
不论刮风下雨
它都没有请过一天假
哪怕是一秒钟
它也不会为谁而停留
如果我有它的那股倔强劲
我也会有游到大海的一天

丽江古城

磨得发亮的石板路上
寻不见众人的一枚脚印
这正好说明，闲步而过的人
数量之众

源于雪山的溪水
流过小巷小桥
在几千年后的今天看来

像陈年的老酒，越发地醇香

来自时尚都市的游客
放慢脚步，悠然地走着
像是真的回到了从前的从前
那么老练，那么单纯

美好的时光

上山砍柴，下河挑水
坡上放羊，坡下牧马
父亲们能干的活，拼着干
母亲们能干的活，学着干
饿了，三个耐寒的洋芋
渴了，两颗圆根的萝卜
一段足以载入个人史册的时光
现在回想起来，还有点甜蜜
有点幸福。那些一辈子走不出
大山的童年伙伴，却并不这么看
我记忆中最美好的部分
在他们看来，正如他们的今天
一点也不美，一点也不好

布谷鸟

你呼唤农民的时候
我正走向刚刚种下洋芋的山地
今年注定是个丰收年

你呼唤雨水的时候
我刚好坐在草地上悠闲地赏花
今年注定碰上桃花运

亲爱的布谷鸟
下一次你准备呼唤子女的时候
请提前咳嗽一声

我要带上儿子
牵着那条老脸老嘴的老狗
到山后去牧羊

我要让儿子去和它们交朋友
让他的一生，都不至于
挂羊头，卖狗肉

神山

我的高山有风，但它不会起浪
多数时候，野生动物是温和的
天然植物是善良的
河流与泉溪，偶尔也会发怒
但不是你想象的那样坏脾气
一股冷风从雪山吹下来
把我长发吹成了森林
脸上不仅冷，甚至有些冰
但也没有你想象的那么小心眼
我的高山不通电，所以树脂精灵
松明普度众生；我的高山不通公路

所以翅膀裸露，云朵擦亮马匹
我的高山不通自来水，所以雪是干净的
就如牛羊弯角的旨意，雨后泥香的方言
我的高山站得高，不用低头应答
我的高山长得土，土得像神

父亲的眼睛

天还没有完全黑下来
街上的灯火像准备捕食的候鸟
一盏跟在一盏后面，用后现代的手法
打开夜的领地。远处的群山
像静卧的大象，如果我说它们像一群
吃饱了打嗝的野牛，估计也没人反对
而天边跳出两颗星星一眨一眨亮
像在暗示什么。我不禁打了个冷战
多年来，我已忘了仰望星空
更不要说歌颂蓝天。我忙于举手致意
低头赶路，头顶上的辽阔
那无以知晓的天堂，好像不曾传说
而此刻，天还没有完全黑下来
两颗星星在天边一眨一眨亮
它俩多像父亲的眼睛，忽闪忽闪地
在看我，似乎有一夜的话
欲对我倾诉

山歌王

他不苟言笑，脸像阴沉的天

除了送嫁的早晨，或迎亲的夜晚
你很难从他的眼里掏出一丝笑意
作为寨子的山歌王，他像一头公牛
让山里人在山外神气过几回
现在，夜幕拉开，松明苏醒
送亲的队伍已经落座贵宾的席位
他也即将亮出祖传的绝技
去应答来自古代的天问。那预言
祖先童年的梦呓。对面那位歌者
看上去，也不像是省油的灯
从他喉咙流出的格言，优美而
煽情，伴有一种莫名的忧伤
趁人们拉话的间隙，山歌王抖动舌头
猛喝了两口烈酒，但他仍不敢
草率开口。他注意到阿芝的眼睛
在丝巾后面使劲地盯着
现在他开始像一只红公鸡
把脖颈朝前仰了仰，好让声音
变得响亮一些

光芒

风吹海岛。树叶摇一下，阴影晃一下
蜥蜴咀嚼鱼头，巨大卵石吞噬羽毛的哀伤

荒凉无边无垠。草淹没草，花淹没花，泥土淹没泥土
野马独来独往，回望一眼，旋即逃出视野的边疆

斯人独坐江岸。晚霞与炊烟，分不清楚谁明谁灭

夕阳已老，最后的红，被雪峰之巅的鹰吮吸干净

尖锐的痛。他们甜言蜜语，你铁石心肠
孤独不等同于躯体的落寞，却注定是心灵的冰凉，暗暗地亮

夜宿泸沽湖

今夜，泸沽湖把所有的油灯
点亮了，就像另一个地方的天空
为另一个人点亮了星星
今夜，泸沽湖为我盛满了忧伤
就像另一个地方的田野
为另一个人收容了夜色
顺着湖畔，我用手指缝隙
漏下月光，漏下心跳
无名小虫的聒噪，似乎谁的有意安排
没有人能停止脚步，放弃幻想
风响过湖面，影子静静摇晃
村子最东边慌张的男低音
也许将抵达西侧的山脚
也许将赶上南角的马蹄印
村子最北端阿妹酒吧飘来的乡音
带有苦荞花涩涩的香
鸡鸣此起彼落，有的梦
已经醒来，有的梦将要绽放
甜蜜的媚笑，而眼睛已经替你说出
内心全部的秘密。这么静的夜
不适合大声喧哗，不应该强人所难
嘘，小声点，再小声点

不要吵醒她呢喃的情话

泸沽湖畔驻足远望的马

不止玉碎之后天蓝的湖水，不止
石破之后蛇行的岛屿，不止风平之后
浪静的传说，不止美景，不止佳人
不止幻想中来路不明的奇迹，不止
预算里深藏若虚的艳遇，不止磨得出汗的
手心，不止佯装致意的手背，不止甜言
不止蜜语，不止爱，不止恨，不止
我注意到慢动作的风吹，慢动作的草动
注意到肆意翻飞的经幡宛如谁的灵魂
行进在梦游的路途。注意到游人中
驻足远望的虔诚，和他翻江倒海的内心
注意到羽毛洁净的候鸟落座的姿势
和筑巢的方位。在泸沽湖畔，我还注意到
一匹云南马微弓的腰，和它细碎的舞步
注意到翻过山梁的视野，它体内聚积的安宁
和背负的喧嚣。它的目光坚定，但柔和
它的呼吸急迫，但平缓。它需要温顺的品性
以承载不同肤色的体重，正如它的主人
需要灿烂的笑容，以应对不同口音的追问

无邪的山寨

寨名大观坪。树木内心深藏传说
神出；讲给子女和野风的故事
鬼没。神话和古歌编织的故乡

早安。杜鹃花开急，布谷鸟语慌
绵羊群咩咩吵醒睡懒觉的年猪
苦荞花沙沙打开粗心大意的栅栏

耕牛闭目养神。云雾升自壮年男子
土豆做的烟斗，传说中翻滚的姓氏
滔滔怂恿。前尘往事一闭一合地亮

晚星星。牧童甩打青冈鞭子
识途老马响鼻由远而近。门轻掩
隐去夜色，做天下最神仙的梦

烧熟的陨石洗黑苦艾，洗白青刺果
一家人围坐一团。哈气，取笑，吟唱
铁锅庄红着脸，等候主人一声感叹

寨名大观坪。冷凉，神出鬼没
小，只容得下七十二口人。不听话的
都已搬走，留下的男孩无邪

内伤

原以为只要苦荞酒一杯又一杯
醉语便能像撵山的猎狗
把心底的苦一句一句全部撵出来
原以为只要兰花烟一支接一支
哀愁便能像晴天的云彩
从漏风的崖一口一口全部吐出去

原以为只要规避不长眼睛的落叶
刺骨的痛不会打在头上
原以为只要谦让怒气冲冲的飞沙
冰冷的血不会弄脏肌肤
原以为只要情投，笑容每天万里无云
原以为只要意合，誓言每夜不打折扣
可是亲爱的，有一些伤
比如至爱似疾的思念，它直抵心尖
是肉眼躲不掉的，肉身挡不住的
是泪水洗不净的，药水治不愈的
它只会被时间之河越冲越烈
只会在夜深人静时，隐隐痛

羞怯的光

山上，只有我一人走走
停停，像一匹误入仙境的狼
只有我一人念念有词
而万物，都唱出了声音
山下，一万条溪水在自由
流淌，它们像极了一个人的动脉
它们身上游动着一条条金鱼

而对面山腰青冈林深处
一间黄板屋隐约露出半张脸
它的男主人，或许是你叔叔
或许是我失散多年的堂兄
那屋顶上闪射银光的压木石
多像老家那几个，躲在门背后

偷窥客人吃相的放牛娃
因为羞怯，他们脸上的笑容
多像桃花，多像菊

通天河以西

滚滚东逝的通天河
载着干净的树叶，和洗脸的水
流向山外。河岸蜿蜒的柏油路
载着怀揣梦想的青年，和破旧的小汽车
穷追不舍。云彩像布娃娃
悬在空中，雪山像妇人的罗锅帽
挂在天边，调皮的风使出浑身力气
吹乱了部落煽情的歌谣
而不远处的山头，一棵松树
站在山冈上呜呜地哀鸣，像个
回忆往事的老者，一腔沧桑
树下一位少女正遥望远方
发呆，似是想借一个人的肩膀
卸去群山的寂寞

山东山西

天空没有路，鹰的翅膀扇开路
云飘向何方？春天花云雀
今年见到的脸色，总与去年见时
一样土，风为谁颤鸣

记忆起，象群般倚叠的山

把茅草屋扛在肩头，拂拭苍穹的样子
错综的河，把它们拉得很近很近
走亲串戚，却要一湾又一湾

记忆起，父母已老，他们
传给我忧郁的脸、煽情的歌谣
却没有传给我抚慰灵魂的秘籍
回望来路，心常常乱作一团

记忆起，我是凉山土著的后裔
而三百年前埋藏毕摩经书的岩洞
到底位于山东山西，还是河南河北
他们闪烁其词，没有回答

你呢，站在都市高楼下
我知道你距离妻子尚有三十三盏红灯
距离故乡尚有三天三夜车程
距离远方，近一些了么

群山之上

山冈上去年积的雪
丝绢般装饰着天际，万万岁的风
吹着万万年前的口哨，向山下喊
春天。白花花的绵羊群
像河流，流淌在河谷，流淌在牧场
这父亲的银锭，母亲的铜铃
大地在蹄子与蹄子的碰撞声中
孕育着重量。水灵灵的牧羊女

遁入冬眠的草甸，唯有头上被晨曦
染红的丝巾，风中桦叶般招摇
埋头犁地的耕牛，一步三晃
拉着贫困与富足；驮运粮草的老马
一声三叹，背负山路和炊烟
鹰击长空，旋即退隐崖穴
只留下一曲长调，久久回荡
云雀越飞越高，越飞越小
最后像几颗落在蓝布上的花纽扣
钉在天空。此时山上也绿了
牧羊女阿芝怯怯从羊毛披毡下
探出头来，脸上泛着红晕
像一朵含苞欲放的花蕾

打坐的风

山冈上独独一座土墙屋
一行迷路人借宿了一夜
次日早上鸟鸣时
其中一些人，脸上沾满了灰
另一些人，心中落满了尘

次日早上鸟鸣时
其中一些人，看见了土墙屋的脸
守屋人的脸，一棵老树的脸
几只小鸟的脸，山路的脸

另一些人，看见了风
云朵般的风，花朵般的风

麦浪般的风，竹海般的风
飞旋的风，跑动的风，打坐的风

外侄女阿嘎

她递给我一碗米线
迅即端上另一碗米线
奔向另一个男子
她瞄都不瞄我一眼
我俩第一次相见

她自顾自干着活
她自顾自走着路
仿佛有谁在前边喊
仿佛有谁在后面追
仿佛有谁在心中催

她俩的脸蛋太像了
她俩的身材太像了
她俩的高原红太像了
她俩的脚步声太像了
外侄女阿嘎，三年前也去打工了

她俨然没有注意我上下翻滚的眼神
她俨然没有注意我左右颠簸的想象
我偷窥了她整整一个早上
一回头，米线都凉了

印第安图语

它们曾是语言，用以交流情感
它们曾是文字，用以记录历史
现在它们死了，无人能
替它们说出情感；现在它们死了
无人能，替它们破译历史
现在它们死了，赞美也好
诅咒也罢，都已毫无意义

凉山来信

他说他前天丢失了两只羊
昨天丢失了一只
今天又有一只不见了
他说原本指望着靠它们
给父亲招魂，给儿子娶妻
这下子好了，指望不上了

他的文字慌乱，语词悲伤
像个丢失了群山的印第安人
紫蓟花在掌心醒来
下午的溪水喋喋不休
“我们丢失了的还少么……”
我烟雾迷蒙，面庞冷漠
手机屏幕静如死寂的大海

托付江水的心事

——读胡正刚的诗

// 王光明

王光明，首都师范大学文学院教授，博士生导师。1988年加入中国作家协会，兼任中国闻一多研究会副会长、北京大学诗歌研究院研究员等。主要著作有《现代汉诗的百年演变》《现代汉诗论集》《文学批评的两地视野》《艰难的指向——“新诗潮”与20世纪中国现代诗》《散文诗的世界》《写在诗歌以外》等。

祝福与致敬云南的青年诗人和云南诗歌。云南是一片神奇的土地，哺育过一代又一代的优秀诗人，我现在还对一批年轻士兵于20世纪50年代在云南边疆写下的诗篇留有印象，比如公刘的《边地短歌》，白桦的《鹰群》，还有那朵西盟的早晨飞进哨所的“云”，“带着深谷底层的寒气/带着难以捉摸的旭日的光彩”(公刘：《西盟的早晨》)。

但我想说，以前许多关于云南的诗篇，无论是外来者对于边地风情的猎奇览胜，还是本地作者的倾情赞美，它们大多是表面的、牧歌式的，并未触及这片土地的内在气质和灵魂。只有到了当代，云南才有了真正接地气的诗人，有了“肉身”与“灵魂”互相依存的诗歌。

《诗刊》分配给我的任务是谈论胡正刚的诗。他参加过《人民文学》的“新浪潮”诗歌笔会和《诗刊》第33届“青春诗会”，得过2015年度的“扬子江青年诗人奖”，著有诗集《问自己》等。虽然年龄才30出头，但“诗龄”也不算短了。他的写作，我过去没有特别留意过，但读过他提供给研讨会的17首诗来看，我觉得这是一个有感觉、有才气、有特色、有潜力的诗人

在胡正刚这17首诗中，给我印象较深的是他有关江水的一些诗篇。当代云南诗人写江河是很有特色的，我以前曾在《光明日报》一篇题为《我们时代的“经验之诗”》中提到雷平阳通过独特的隐喻写出了边地山河与人民的神圣，有一种不可侵犯的威严，其中就提到他的《河流》：“有些沉默不可以骚扰，不可以抵押上/众多弱势者的悲欢；有些河流/像一支孕妇的队伍，它们怀着胎儿”，“怀着胎儿”的孕妇的队伍，一个多么生动准确和意味深长的比喻。胡正刚写的不是故乡土地气质的感觉，而是通过江水在生命与自然之间建立了一种古老而又现代的想象关系。

说胡正刚通过江水在生命与自然之间建立了勾连传统与现代的想象关系，首先是指作者也像传统中国读书人一样，把流水比喻为光阴的流逝。《论语》中“子在川上曰，逝者如斯夫”；苏东坡《念奴娇·赤壁怀古》“大江东去，浪淘尽，千古风流人物”等，或许都是胡正刚以江水为题材诗篇的背景，构成一定的“互文性”，因而他《在江边》一诗写：“江水确实从我们身体里取走了一些事物”，“江水彻夜不息，带走了/泥沙，鱼骨，石头与流水撞出的火花”，时光无情，人生易老，这一点感觉胡正刚与传统诗人是相同的。但胡正刚诗作的好处，是他有与传统诗歌不同的现代感，不只是“流逝”“淘尽”，而是“取走”所带来“空”与“无”：“我

站在岸上，内心巨大的空，一点点 / 向外蔓延”。而这种“空”，在《腊八日，寄四川兄弟》中，先是不留刀痕的隐痛，而后是麻木：“一个日子和另外的日子 / 细微处仍然有区别，但已经 / 越来越相似，越来越 / 难以辨别”。因此“空”与“无”互相兑换，体现着人生中某些东西消逝与泯灭的过程，犹如废弃寺院的钟声：

秋风撞响铜钟。一声
又一声。一声比一声轻，一声
比一声慢，一声
比一声空

这种“空”在本质上是现代人的一种虚无感。在《湘江边，与刘年、王单单夜饮》这首令人难忘的诗篇中，那“加了蜂蜜的迷幻药”的迷人景致，既无法“融化心上的茫茫白霜”，也不能像故乡的金沙江一样给他刮骨疗伤，就是由于湘江的涛声、马达声唤醒了诗歌说话者面对现代时光的迷茫与虚无：“我有顽疾，有隐痛 / 有一头困兽对自由和枷锁的 / 双重悲观”。而这种“双重悲观”下滋生的“空”“无”感，通向的正是现代性的反思。

胡正刚诗作的另一个优点，是比较注意语言的声色效果，对形式与技巧在写作中的意义，也比较重视。任何诗歌写作，必须努力实现从经验、感觉到诗歌情境的艺术转换，体现意象、形式、节奏的魅力。没有语言、形式、技巧的自觉，逞一时才情，终究是青春型的诗人，昙花一现的诗人，而不是有长期活力、越写越好的诗人。胡正刚的诗，虽然写的都是抒情诗，但感觉比较丰富，也比较重视形式、技巧的试验。如果说《鸟鸣》一诗将鸟的叫声进行不同感觉的转换（“鸟鸣是一把剪刀，为新的一天接生”，“鸟鸣已经抵达尘世，像雨水从天而降 / 洗干净我们的耳朵”），还只是比喻关系的有效建立；那么《龙华寺手札之一》通过信徒与和尚的关系，构成一定的情节性；《幻听》中“对话性”的组织，则可以认为是结构上的自觉实验了。而在诗行、诗节方面，也有不少可圈点之处，比如前面提及的秋风撞响的钟声，意思与节奏的配合就非常出色；而《送普文忠回哀牢山》对举手法的运用，也加强了“自由诗”的匀称感和节奏美：

上游江水清澈，可以洗
心上的尘土，下游江水浑浊
可以洗，脸上的尘埃

胡正刚在诗歌语言形式上的这些好处，或许体现了他在《清明，金沙江夜饮》一诗从木瓜的成熟领悟到的诗歌追求：“把苦涩 / 转化为甜蜜的技艺”。胡正刚虽然不是追求诗歌之“甜”的头一个倡导者，张枣早就提出过诗歌之“甜”的观念。但如果胡正刚真的能够始终不渝地坚持这一诗歌理想，那是令人鼓舞的。因为这意味着对技艺转化经验过程的自觉和全神贯注的投入，对完美诗歌文本的不懈追求。在这方面，胡正刚还是有不少提升空间的。譬如他的《乙未年早春，过蛮耗》，是一首面对江水生出无限感慨，进而反省写作意义的诗。这首诗的感觉、情境和结构都还不错，但也不是无懈可击。就诗句而言，“红尘即浮生。春日登高”，为什么要用“即”这个限制性修辞破坏“红尘”“浮生”的互动相生关系，以及更好的节奏感？而就主题和诗意的发展而言，结尾也显得过于简单草率：“……在山顶的白日梦里 / 打铁，驯鹤，越狱，借纸隐遁 / 这些过时的技艺 / 无用而艰辛，却隐藏着 / 生活的全部真相”。为什么要用直说的“道理”作结，而不用感觉和意象开放人们的想象？这样简明的说理既不能承接“借纸隐遁”同时向内与向外的双重指向，也不能引起更丰富的想象，应该是一个苍白失败的收束。这样看来，写出的诗，只是胡正刚诗歌写作一个好的起点，“借纸隐遁”，前路正长。

（本文根据作者在 2018 云南青年诗人北京研讨会上的发言稿补充整理而成）

夜宿龙华寺

// 胡正刚

胡正刚，1986年出生于云南省姚安县，2005年毕业于云师大中文系，现居昆明。曾参加首届《人民文学》“新浪潮”诗歌笔会、《诗刊》社第33届“青春诗会”，获2015年度扬子江青年诗人奖，著有诗集《问自己》、散文集《丛林里的北回归线》。

谒杜少陵祠

秋风带走的哀鸣
流水顺着河谷，又送了回来
——它们是光阴的信使，怀中塞满
一封封地址不详的信件

竹影陈旧，苔痕却是新的
拾级而上，登高犹如临渊
这峭壁上的寂静，仿若一种训示
加深着我内心的暮色

这与在黑夜的深渊里向你呼救
不一样。杜甫先生
临渊而立，这胸中奔涌的热血
和夺眶而出的热泪
都是你递过来的一根稻草

马游坪，听彝歌

落日西沉
擂响大地的鼓
无尽的暮色里
浩荡青山
把鼓声和回音
一一送抵我们面前
这悲壮的声音
是黑夜的战书
是光阴寄来的催命符

还好，我们中有人会唱彝歌
会用歌声，给黑夜
和漫长的光阴回信

很多消亡发生在黑夜里

乡村的夕阳，每天都会
旧掉一些，老去一些
而第二天升起的朝阳
每一次都是崭新的
仿佛黑夜给了它
秘密的抚慰和新生
人间的很多消亡
也发生在黑夜里
清晨，田野里多出一座
覆满青草和野花的坟墓
初升的阳光照着它
草尖和花瓣上的露水
闪闪发光——
仿佛是黑夜为了中和人间的悲伤
默默准备了这些鲜活、明亮
的事物，准备了青草、野花
和露珠上的光芒
——仿佛是死者
给人间的亲人
带来了问讯

夜宿龙华寺

1

木鱼咚咚

流水淙淙

两种声响韵律相通

节奏一致

仿佛出自同一件器皿

出自同一个肉身和尘世

2

一灯如豆

突然爆开的灯花

仿若一枚豆荚

在夏季的田间

炸裂

3

又走神了

又一次

从黄昏的暮鼓声中

听见了狮子吼

4

一轮亮汪汪的月亮

爬上药王殿的瓦脊

惊起芍药栏里打盹的鹧鸪

一鸟夜啼，众鸟应讯

远一些的是箐鸡

彭飞 《诚实友爱》 水彩画 112cm×78cm 2019 年

近一些的是瓦雀
忽远忽近的
是正在归巢的岩雀
它们的啼鸣彼此呼应
像一群重新相聚的故人
在相互问安和致意

5
空山寂寂，落叶簌簌
侧耳凝听，能分辨
哪一片是清凉的菩提
哪一片是微苦的黄连茶

6
月亮消失在观音殿后面
又从放生池里
蹑手蹑脚地
重新升起。它那么轻
那么慢，沉睡的鱼儿
没有察觉：
腹鳍边的一株水草
在水淋淋的月色里
微微晃了晃身体
抽出几粒花苞

去茶山

空谷寂静，松果和灰鹊的落地声
掠过结冰的河面，消散在

林间升起的薄雾里。远山如黛
起伏不定，起点和终点
时刻都可以互换位置
怀揣诗稿赶路，漂泊无定的人间
你用手中的笔画过饼，画过
梅林，路过清汪汪的关河时
还在江水里，画过一间单人牢房
聚散如浮萍，如风中的飞蓬
宿醉未醒的旅途里，你比谁
都清楚，只要斩断妄念和空想
你就可以藏身荒草，继续
在白日梦里，修炼隐身术

腊八日，寄四川兄弟

煮粥礼佛的日子
我依旧感到困顿与消沉
这些坏情绪毫无来由
挥之不去。一整天
我都在枯坐和冥想
偶尔起身，掀开窗帘
让阳光照进来
时光有时是残忍的
所过之处，不会留下刀痕
但浅浅的印迹
还是裹挟着类似灼伤的疼痛
对这世界，我仍旧心存善意
但已经不再以命相搏
怀揣那些大而不当的理想

在城中浮沉，并看它们
一一覆灭——这就是我的近况
浮生虚度，一个日子和另外的日子
细微处仍有差别，但已经
越来越相似，越来越
难以辨别。你说起的阴霾
大雾，潮湿，闷热
以及独处的孤寂
我看不到。但你看到时
它们也同时发生在我的身边
或者心里

在山顶

路过借住的寺庙
你屏住呼吸
不敢高声语
时隔多年，石榴挂果
牡丹谢了又开
人车的喧腾
盖过钟鼓和梵唱
那个胸中藏着暮色的敲钟人
已不知去向
只剩下你，怀揣困兽的命运
亡命于山河间
把枷锁想象成护身符
把牢笼当成穷途中的避难所
登高真的能减缓下坠的速度？
有没有一种更决绝

更有效的方式，能让你
放弃逃亡，与假想敌
握手言和?
在空荡荡的峰顶
你茫然四顾
朝着悬崖一退再退
荆棘，荒草，石头和
拔地而起的孤独
却潮水一样
不停向你涌来

过安福寺

风霜扑面，满脸尘埃
走得越远，越能轻易看清
骨子里深藏的动荡
和不安，看清自己
无处安放的歧途。山一程
水一程，无尽的旅途里
我在胸口提前开凿了
思过崖。用预设的立场，洗心
革面。那一年，山中赶路，借宿
绿荫满院的寺庙。山中无日月
我把檐前滴水错听成木鱼声
一夜无眠。安福寺前
同行的人，用山门旁的流水
净手，洗面。我喝了几口
流水无形，不能穿心而过
但我仍奢望它纤尘不染的凉意

能洗去心上的积垢

铜铃山中

草木的呼吸带着回声
流水里藏着石头的体温
铜铃山中，竹影和鸟鸣
微微侧身，无边的寂静空出一块
才给我们让出了登高远望
和迎风垂泪的位置

文成县的夜色

急雨骤停，飞云江把山中暮色
运抵县城。江水的流淌
因负重而迟缓。幽暗的光
一再向下，紧贴河床上的砂砾

提前到来的夜色是一张请柬
两岸明灭不定的灯火
像一群隔河饮酒的旧人
手中起起落落的杯盏

苍山，听松涛

风过群峰
松树木质的内心

长出羽毛

它们想飞
想在起风时
从泥土里抽出根须

现在，风小了一些
它们微微侧身
靠紧身边的其他树

树木与树木之间
一些秘密
正在秘密地传递

每个村子都有一个合身的名字

刚才离开的村子叫稗子沟
即将抵达的村子叫葡萄箐
途中路过的村子，依次叫黄泥塘
落水洞、寺脚底、河上庄、白花冲

稗子沟的水田，稗子和秧苗一样茂盛
葡萄箐的山谷，野葡萄是最多的野果
其他的村子，和它们一样
每一个名字，都有准确的指向
和对应物

深山里，每个村子都有一个
合身的名字

困兽

无数次侧身，俯首
或者乘他们装填火药的间隙
委身草木，寻求荆棘的庇护
实在避不开枪口时
偶尔也举手投降
跪地求饶。幻想只要足够谦卑
就能避开一次接一次的击打和杀伐
祈求猎人停一停
让破风箱一样抽搐的胸腔
安静地喘一会儿
我和你们一样
身体里布满了
逃亡时留下的箭镞和铁砂
箭镞和铁砂穿进骨肉的痛是一种
拔出箭头时的痛是一种
铁锈嵌在骨缝里的痛是一种
带着铁砂亡命于山河间的痛
是另外一种
我早已肝胆俱裂
一听见弓弦声和枪响
就会主动交代困兽的身份和命运
那天黄昏，沿着金沙江赶路
一块石头掉进江水
发出“砰”的一声
我心头一震，转身
向着日落的方向舍命奔跑

仿佛有人在我身后
开了一枪

腊月那几天，北风很大

往北是高埂。再往北
是蜻蛉河。我们的村子就这么大
北风吹着吹着，就显得更小了

这时节，大片的麦子在风中凝住了生长
无名的坟墓保持着和田野一样的颜色
孤零零的野花离春天只有一步之遥

腊月那几天，北风那么大
我一直担心我年迈的奶奶
会被北风带走

外婆

她终老村庄
坟墓也在离村庄不远的一座山上
这个裹小脚的老人
一辈子很少外出
却把几枚糖果
放在枕头下藏了好几个月
再走七公里的山路
送来给五岁的我
剥开糖纸时，糖块已经融化
和糖纸黏在一起

遗忘是一种罪过
已经过了喜欢甜味的年龄
埋伏在记忆里的隐痛
才齐刷刷，向我涌来
这些痛像骨折愈合后
骨头间残留的细纹
不经意想起，就有一把
无法区分甜和苦的锤子
在敲打伤口。一如童年时
我在外婆家的老屋午睡醒来
鸽子轻轻扇动翅膀
看得见的尘埃和看不见的
时间的碎片
被阳光宽厚的手掌
轻轻托起，上升，上升……
最后消失不见
这个缓慢而持久的过程
把天空擦拭得像外婆的蓝衣衫
一样干净。老屋外的湖水
以一种目光不能及的方式
在远处蒸发，凝结，流动
汇集。我长久地看着天空
就这样看着，看着……
一低头，就流尽了
一生的泪水

麂子下山

九月，这温顺的小兽情欲萌动

皮毛泛光，暗红的背脊
像茅草烤熟的月亮
光芒四溢，鲜嫩诱人
那是情欲的香味
让谷仓空置、饥饿肆虐
村里的男人被这种挑衅激怒
他们纷纷进山，说是要让
空如皮囊的胃，塞满肉的香气
1993 年，在我的村子
很多男人都有火药枪
那是杀伤力巨大的武器
塞进火药和铁砂
可以把群山轰塌
麂子是温顺的食草动物
他们猜想，只要一枪
就可以让它倒下
然后取出皮毛里的肉和骨头
擦洗干净，和草果、八角
花椒、盐巴，一起放入铜锅里煨
他们甚至想过把剩下的肉
抹上辣子和盐，做成干巴
一家一块，挂在房梁上
用一个蛇皮袋罩住
防止黄鼠狼偷吃
逢年过节，就用刀
剜下一小片放进野菜里煮
至于麂子皮，要送给
家里有娃娃的人家
垫在床上，御寒防尿

说到这里二叔一脸柔和
他说：其实我们一无所获
麂子真是狡猾，领着我们在山林里打转
最后以铁砂逃离枪口的速度
消失在一条毗邻大理的山箐里

二叔这个优秀的猎人
谈起那年的打猎
语气淡定轻柔
像是在谈论一场
多年以前的爱情

秧鸡

它们不吃草，吃虫
身形乌黑，穿一件乌云
做的衣服，在水田上方
低矮地飞。小小的身体
塞满雷电和风暴
一到冬天就准时消失
没有人知道它们去了那里
秧鸡不迁徙，它们的巢里
只有幼雏和鸟粪。很多次
我差点就看清它们
亮如黑银的眼睛
那是多年前
空气里飘满雾气
秧叶上挂着露水

我手握弹弓
打赤脚在田埂上巡梭
秧鸡藏身秧稞
是另一个世界的游魂
那年我们迷上巫术
玩一种捉鬼的游戏
秧鸡来历不明，首当其冲
我曾经杀死过它们中的一只
不是用弹弓和刀具
而是借助想象，借助
时间的刀片，一点点
卸下它的飞翔、食欲
和体温，卸下青灰色的
梦境。刀光熄灭
秧鸡的身体，只剩下一小片
轻而淡阴影，像一抹
被擦拭过千百遍的月光
不借助任何神谕
就可以飞起来

梦游者

我确实看见了。大山背着
石块和林木，赤脚沿金沙江迁徙
暗夜无光，脚板被江水硌疼
多么笨重的一项活计
过程却如此轻巧
遇到刺稞或到岸边喝水的麂子
它甚至可以往上一跃

在空中优雅地换气，转身
落地时已经避开沉睡的小生灵
一座梦游的大山，需要避开的事物
不光只有这些：坟地、水田
磷火、蜘蛛网、蝙蝠的领空
夜里四处巡逻的神，醉酒后
睡不安稳的巫师，有时遇到另一座
梦游的山，它们也会停下来
轻声说几句话，然后各自上路
扬起的灰尘和水
支配着云南的天气
我的村子住在一座
夜夜梦游的山上，多年来
山带着我们去过很多地方
在梦里，我们见过狮子和海象
怀孕的芦苇、铺满黄金的沙漠
明亮的大海、雷电的产床
极地的雪、祖先深藏中原地底的骸骨
这是我们村子最大的秘密
饥荒的年代，土匪经过
死于愤怒和恐惧的亲人守口如瓶
大山收留了他们的灵魂
安排他们在夜里放哨
而我，一个即将成为诗人的巫师
生：就要跟着大山在梦里游荡
死：就混迹在游魂的队伍里
手持烈酒和长刀
燃烧牛骨，照着大山
在江面上飞翔

外祖父

光线暗下去。我们的房子
坐东朝西，阴影移到灶间
一群老鼠在装满谷子的木柜里
弄出声响。不止一次
我知道我将出生。隔壁的米柜上
墙角的竹篮，装着你的锯子
推刨、墨斗、木柄的凿子
它们落满灰尘，时间落满灰尘
你的白胡子落满灰尘
灶房里升起的炊烟
是一张青色的床单
盖住村庄羞涩的眼睛
——我知道我将出生，哭声
震动整个村庄，然后那年的麦子
才会扬花，抽穗
听到我响亮的哭声
一只燕子飞出屋檐
你背着一袋草籽走出家门
穿过麦田。去寻找
儿时看见的一只斑鸠
天空垂得很低，雾中的青蒿
像一束束迎风招展的麦子
你迷路了，最后一次
蒲公英开满唯一的路
——你知道我将出生
看着你的锯子、推刨、墨斗

露出微笑。我在一片灿烂的黑暗里
逆流而上，穿过母亲柔软的
子宫和疼痛，第一次看见阳光
看见我们的村庄。
那年冬天下了一场大雪
我梦见你感觉寒冷
一直过了二十年
那场覆盖了我们整个村庄的大雪
才被我第一个看见
并大声地说出来

夜读记

怀揣《金刚经》，真的就敢
去撞南墙？《钱注杜诗》
读过很多遍了，肝胆和襟抱
依旧不够用。忧自身时
顺便也忧一下众生，时冷
时热的心，真的能就稍安？
爱终南山，亦爱它的捷径
犹如梦游时，误入一只蝴蝶的
脑海。《山海经》里，一行
一旷野，一页一河山
无数次在纸上跋涉、远游
又颓然而返。你比谁都清楚
荒诞只是表象，不安
和隐忧，才是人生的底色
就着酒劲吟诵陶诗和
太白诗，就连空想

你都用力过猛。《酉阳杂俎》里
满载秘术，可化清水为烈酒的
青田核，适合穷途自戕；用乌贼墨
写卖身契和悔过书，你计算过
只需一年，字迹就会消散
适合淡忘、决裂、反目
一笔勾销。也有更决绝的方式
《列仙传》和《拾遗记》
都记载了分身术的练法
初窥门径者，可以在采菊东篱下
的同时，分身千里之外
长安市上酒家眠，或者
牧马天山雪中草。你的隐忧是
当一个自己，和另一个自己
狭路相逢时，他们应该
握手言和还是
视若未见

夜宿大寨小学，听风声

月光坠地，压弯一整座山的茅草
一万株茅草同时弯下腰身，让一万只蚂蚁
一起竖起耳朵，它们听见清风吹过山岗
吹响山顶的栗树

风声回荡，一座山的栗树高高举起枝叶
一整座山的叶子被月光瞬间照亮
那耀眼的光芒像一万个金子做的铃铛
在黑夜里叮当作响，彻夜不息

在海镜村

不敢学银鱼、白鹭和
秋风里摇曳的烟柳
不敢把湖水
当作照骨镜，害怕一眼
就看清骨子里藏匿的不安
动荡，以及一个悲观者的
穷途和末路

麂子大村，跳左脚舞

王国的遗址已经无从寻觅
黑夜中，我们熄灭火把
听从星光的指引，顺着河流的走向潜行
渔泡江在左，磨盘山在右
路在脚下，小块小块地呈现
水声散尽，我们抵达另一个
星光璀璨的村子，大地的子民
放下刀镰，从祖先的土地上
站起来，用三弦和芦笙
接纳我们这群落魄的游魂
并献出火辣的苞谷酒
为我们招魂。歌舞彻夜不息
那是一种宿命式的狂欢
让时间消逝，让生永恒
让四季更替，符合阴历的韵脚
我们深陷其中，肉身和内心

轻如弦乐

赌徒

只要抓到一把好牌，就能
把失去的一切都赢回来
已经退无可退，他的心
因不断加深的绝望而兴奋
充满舍命一搏的勇气
像一头被逼到悬崖的野兽
在深渊与子弹，坠落与
击中之间，选择转身扑向
猎人的枪口。又输了
这一次，他再也拿不出
任何赌资，偿还
命运的债主。怎样才能
再来一次？割舍年迈的父亲
伤心的妻子，等待自己买米回家
的女儿，他筹集到人生的
最后一笔赌注——一个了无牵挂
的男人，一个瞬间拥有了
无限自由的男人。他说服
对赌的人，允许他把自己
当作赌注，赌最后一次
赌友们的疑虑和嘲笑
让他无比愤怒，也坚定了他
以命相搏的决心
一番讨价还价后，一位大他
十多岁的寡妇。接受了

他的请求。困兽的尊严
高于命运给予的仁慈
最后一把，他把自己
输了出去。第二天
赌徒抛家别女
跟随赢家去了外省

金水河的淘金人

这和我在金沙江所干的活计毫无区别：
从河水和沙子里取出黄金
我们大部分时间两手空空
心里灌满悲伤的冷水

在时间的潮水里哭泣
那些易碎的部分终究会被清除
和一条大河搏斗，我只为了暗示内心的孤独
我的痛苦来自柔软的水和坚硬的沙
它们在我的骨缝里走动
制造闪电和雷鸣，并指引我走向更深处
变成一粒细碎的金子

淘金人在暴雨过后置身宽阔的河床
只为了捞起自己的尸骨

在午夜想起龙泉路上的磨刀人

我想不起在昆明有哪些仇人
那么是什么在后面追赶我？

逼迫我交出睡眠
龙泉路上的灯还亮着
街道沿着昏黄的光向两头延伸
白天，路边挤满酒鬼和乞丐
贴膜人坐在耀眼的阳光里
用锋利的目光割开少女的裙子
磨刀人敲着一块薄皮铁片
踩着高低起伏的蝉鸣
在他们中间越走越远
背上的竹篓被汗水泡软
长出青叶子。我以为背篓里
一定装满了各种形状的刀子
直到一个闷热的正午
磨刀人在一堵墙的阴影里坐下
一言不发地掏出几块光滑的石头摆在脚边
他一整天都没有生意
太阳越来越霸道
大口大口地蚕食着阴影
阳光移到双肩，他就起身
把石头搬到樱桃树的阴影下
低着头抽烟。现在是午夜
星月无光。磨刀人寄宿在
哪座立交桥底？午夜是危险的
一阵大风可能来自地底
一场大雨就会让城市陷入沼泽
行走时背着石头的人
是否也擅长在泥浆和水草间穿行？
作为一个失眠者我无从猜测
黑夜是否开阔无边

彭飞 《家九》 水彩画 41cm×31cm 2014 年

而当太阳爬上东边的山头
磨刀人如果幸存下来
将在哪座立交桥底苏醒?
置身于普照万物的阳光中
抱紧胸前的石头

荒凉

更多的时候
我在暗处低语
在胸腔里培植一片
开阔的芦苇
一种沉溺于衰退
的语境。我不断放慢
这个过程的节奏
以获取足够的时间
让我可以一点点
掏出血液里的盐
和沙子。让生命
从容过渡到荒凉

看守谷仓的巫师

在时间的缝隙里掘出的
装满遗骸和亡灵
草茎里被水掏空的
难以堆砌；尘埃塌陷
空出来的，无法聚拢
和储藏；河流被泡沫撑开的

轻而易逝。我要的
是地上土坯堆砌的那种——
青瓦厚墙，坐北朝南
向阳的那面，有两扇明晃晃
的窗子，阳光随时可以进来
照亮满仓谷物。像是在金块上
再镀一层耀眼的金水——
我不要金子，我只愿做一个
守谷仓的哑巴，白天练习巫术
躲在粮食的香气里
翻拣谷物间夹杂的沙和金子
并命令一群斑鸠
把它们扔进金沙江
晚上就打起火把
坐在洒满月光的房顶上
醉酒，写诗

水域

有些疑惑终究绕不过去：
飞鸟溺水而死，尸骨被水草吞食
水底的鱼跃到地面，饱饮月光后
平安潜回水里，与水鬼换肺
死去多年的族人临水而居
继续衰老。洪水经过
田野颗粒无收。成捆的麦子被运出村子
去向不知。许多事物都丢失了
灯丢失火种，牛羊丢失青草
群山丢失神祇。去寻找的人

先是丢失了路，不久后
又弄丢了自己

在云南生活久了
一部分无神论者信了神
另一部分如我，疲于奔命、苦苦支撑
继续与内心的幻境搏斗

对一场雷雨的描述

在这个被时间不断填满的
过程里，窗外的湿气
越来越重，雷声里
我微微侧身，躲避
疾驰而过的一粒尘埃
接下来的情节，带着闪光
和巨响，风穿越树林
盼雨的种子，已经做好
侵入初夏的准备
不久后我会在雨中走近你
放慢季节的节奏，让你看清
我是怎么样一遍遍
将泪水擦干

童年的一次砍树经历

伐木者来自祥云县
那里有金沙江的一条支流
河水日夜流淌

群山就渐渐升高

他们彪悍粗犷

头发上沾满碎草和灰尘

神色里，有宿醉未醒的空虚

最年轻的那个，脸色苍白

像经霜的芦花。夏天

洋草果树汁液充盈

坚硬的木质内部

布满光阴的划痕

这些大地上的异族

是阳光的亲戚

当电锯的轰响弥散在正午的清风中

整个村子都在战栗中到达高潮

它们说：“请为我们制造一场杀戮

受难者只要拾起斧子

就能成为刽子手”

河畔的洋草果树一一倒下

空气被树木新鲜的气息挤占

我们站在河边，浑身发抖

差点窒息

住在水里的鹰

我不能把它悬浮的姿势叫作飞翔

在云南，我宁愿相信

天空是一片宽阔深厚的水域

鹰在里面游泳，漂浮，潜行

有时还会一个猛子扎到地上

大地是盛水的容器

四面隆起的高山是岸
平坦的中心暗流涌动
我的村子寄身在一株水草的叶柄上
温暖的叶片，散布田地和荒野
黄金浇铸的阳光
鹰住在高处的水里整天玩水
天晴的时候，在家里洗澡
用风做的抹布檫身子；
阴天，水浑，影子溶解在
四周弥散的尘埃里
这样的天气鹰外出觅食
生吃新鲜的血肉
连皮带骨塞进柔软的胃
在云南，鹰是落难的神
沦落人间，做了水鬼
我深藏金沙江流域的村庄
哪怕是最凶猛的猎人
也不敢把火药枪指向它
一个朝头顶的水开枪的人
长不出猎人的心
鹰待在天上的水里很安全
大部分我们用来逃命的时间
鹰都在玩水
这个游戏的过程大致如此：
把水打磨成坚硬的刀子
然后在刀刃上跳舞，
刀子遇血燃烧
鹰就从火焰里源源不断地取出冰块
烧火取暖

楚雄的雪

下一秒，有什么将离开天空，坠落地上
我在河边静坐，周身布满月光，偶尔躬身汲水
透过远处那些衰败的落叶和芦苇
我看见我的情人坐在王冠上哭泣

我们回到荒野上的屋子，从灰烬里刨出焚毁的文字
用清水把它们洗干净，那是金属的质地，温热、锋利
暗藏渐渐隐退的冬天。很多年，候鸟过往
带给我们北方的天气、霜和寒意

无法预知的某处，明明灭灭的光季风一样闪烁
这是一场大火，由燃烧的雪花构成
你置身黑夜，雪在你的头顶凝结，飘散，良久才冷却下来
除了轻微的灼伤，你预言的灾难半途而废

之后，火光熄灭，我回到暗处继续写诗
你一个人，来不及从雪地里取回麦子
雪后初晴，一场大雪让你如此美丽
那年三月春暖花开，我娶了你做我红烛里的新娘

地上升起的事物

一季季庄稼
和一代代人多么相像
——从土里长出来
最后又回到土里

中间的过程可有可无
我只关心村庄的温饱
关心洪水、干旱、冰雹
以及幸存下来的人
我们的时代粮食充盈
信仰成为抵达高尚的捷径
内心的神，死于敬畏
和跪拜。庆幸的是
庄稼一直替我们站在
杂草丛生的田野里
试图把大地一点点
抬高。真是一项徒劳的活计
在我的村子
千百年的时光
大地原地不动
而地上升起的事物
除了稀疏的炊烟
最突兀的，是那些
突然冒出的坟地

流逝

黄昏，我又听见了鸽子
撞碎空气的声响
一些对称的翅膀收拢
羽毛纸屑一样落下，覆盖了
沾满尘埃的脚印。鸽哨声
擦过破碎的天空
消失在一朵云背后

还没来得及逃往北方的鸟群
被一只带血的手再次追杀
滚铁环的男孩子停下来
用一根橡皮筋勒死闪电
桉树的倒下只是一瞬间的事情
斑鸠的草窝晒在滴雨的屋檐下
我眼底最后的温度陷入失语
一种无可抗拒的痛觉
断壁一样垂直升起
直至起风，整个城市
在被突然惊醒的睡眠中醒来
听见时间长满沉重的锈迹
然后，斑斑驳驳地落下来

谷雨：新闻路

我以为会迎来一场大雨
洪水从北边淌来
大观河的水位随之上涨
像是一群赤膊的土匪
抬着抢来的财宝狼狈逃命
由于担心来自地底的猎杀
他们双手越举越高
河在颠簸中挣脱束缚
飞离地面，带着岸边的柳树
在城市上空游荡
这个高高在上的亡命者
在天上走着走着
就跑了起来，像是云南的大地

已成为太阳的地盘
再找不出一条阴暗的河床
让它躺在里面，喘息、呻吟
挣扎、咆哮、生老病死
我为这场虚构的大雨兴奋不已
当天空渐渐暗下来
隐秘的雷声，被风揪着脖子
在云端奔跑，转瞬即逝的闪电
让报社大楼的玻璃楼顶
爆发出耀眼的白光
我把身体探出窗子
想确认那条河
是否还在天上飞翔
突然一阵大风扑面吹来
乌云消散，阳光撕破一角天空
把笔直的光射向人间
许多事物纷纷坠落
水汽和灰尘
全部汇集到人们的眼眶

图书在版编目（CIP）数据

云从天边来 / 雷平阳主编. -- 昆明：云南人民出版社, 2019.6

（边疆·云南文学丛书）

ISBN 978-7-222-18390-2

Ⅰ.①云… Ⅱ.①雷… Ⅲ.①诗集－中国－当代 Ⅳ.①I227

中国版本图书馆CIP数据核字(2019)第117167号

出 版 人：赵石定
责任编辑：陈浩东
　　　　　熊　凌
装帧设计：马　滨
　　　　　王冰洁
责任校对：苏　娅
责任印制：马文杰

边疆·云南文学丛书
云从天边来
雷平阳　主编

出版　云南出版集团　云南人民出版社
发行　云南人民出版社
社址　昆明市环城西路609号
邮编　650034
网址　www.ynpph.com.cn
E-mail　ynrms@sina.com
开本　720㎜×1020㎜　1/16
印张　20
字数　300千
版次　2019年6月第1版第1次印刷
印刷　昆明合骧琳彩印包装有限责任公司
书号　ISBN 978-7-222-18390-2
定价　39.00元

如需购买图书、反馈意见，请与我社联系
总编室：0871-64109126　发行部：0871-64108507
审校部：0871-64164626　印制部：0871-64191534

云南人民出版社微信公众号